Dígalo

correctamente
en
INGLÉS

**Easily Pronounced
Language Systems, Inc.**

INFINITE Destinations, ONE Pronunciation System

McGraw·Hill

New York   Chicago   San Francisco   Lisbon   London   Madrid   Mexico City
Milan   New Delhi   San Juan   Seoul   Singapore   Sydney   Toronto

The **McGraw-Hill** Companies

Library of Congress Cataloging in Publication Data

Dígalo correctamente in inglés = Say it right in English / Easily Pronounced Language
Systems.

       p.   cm. — (Say it right)
      ISBN 0-07-146921-4 (alk. paper)
     1. English language—Conversation and phrase books—Spanish.   2. English
language—Spoken English—Problems, exercises, etc.   3. English language—
Pronunciation by foreign speakers.   I. Title: Say it right in English.   II. Easily
Pronounced Language Systems.   III. Series

PE1129.S8D47   2006
428.3'461—dc22
                        2006041994

6 7 8 9 10 11 12 13 14 15 16 17 18 19   LBM/LBM   0 9 8

ISBN-13: 978-0-07-146921-0
ISBN-10:   0-07-146921-4

McGraw-Hill books are available at special quantity discounts to use as premiums
and sales promotions, or for use in corporate training programs. For more
information, please write to the Director of Special Sales, Professional Publishing,
McGraw-Hill, Two Penn Plaza, New York, NY 10121-2298. Or contact your local
bookstore.

Also available:

Say It Right in Chinese
Say It Right in French
Say It Right in German
Say It Right in Italian
Say It Right in Japanese
Say It Right in Spanish

Author: Clyde Peters
Illustrations: Luc Nisset

Acknowledgments

Betty Chapman, President, EPLS Corporation
Priscilla Leal Bailey, Senior Series Editor

This book is printed on acid-free paper.

CONTENIDO

INTRODUCCION

La serie de libretas DIGALO CORRECTAMENTE EN INGLES ha sido desarollada con la creencia que el aprender un idioma extranjero debe ser fácil y divertido.

El SISTEMA DE SIMBOLOS DE VOCALES (EPLS) es una herramienta revolucionaria fonética la cual da énfasis a la consistencia, claridad, y sobre todo facilidad a la pronunciación. El SISTEMA DE SIMBOLOS DE VOCALES se encuentra en la página vii del libro para una referencia rápida y fácil. ¡Se asombrará de lo fácil que es pronunciar el inglés bien!

CLAVES A LA PRONUNCIACION

Cada ejemplo de pronunciación está dividida en símbolos. Lea cada palabra lentamente, una sílaba a la vez. Aumente la velocidad de la pronunciación mientras se acostumbra al sistema.

- ¡Se pronuncian la mayoría de los símbolos como aparecen!

- El inglés le da énfasis a ciertas sílabas. Esta marca (´) encima de la sílaba significa que le da más énfasis a la sílaba.

- La **R** del inglés jamás se hace vibrar como se hace al pronunciar la doble **RR** del español.

UNA GUIA DE LA PRONUNCIACION DEL SISTEMA DE SIMBOLOS DE VOCALES

La mayoría de los hispano-hablantes conocen la palabra **Hello** del inglés. Aquí se muestra la pronunciación correcta representada por el sistema de los símbolos de vocales.

A todos los símbolos se les asigna un sonido específico que no se cambia. Cuando se utilizan estos símbolos junto a las consonantes y los lee con una rapidez normal, se puede pronunciar y entender la palabra fácilmente.

En la página siguiente se encuentran los símbolos representados en este libro. Los símbolos son fáciles de aprender porque son conocidos al hispanohablante. Debajo de cada símbolo se muestran unas palabras en español cuyo sonido representa el sonido del símbolo.

SIMBOLOS PARA VOCALES

(a)

Hasta
Mal
Alto

(ĕ)

Tengo
Está
Entra

(I)

Sí
Vida
Día

(O)

Hola
Cosa
Poco

(U)

Una
Tú
Cuba

(au)

Auto
Cauto

(ay)

Hay
Pay

(oy)

Soy
Hoy

(ei)

Seis
Peine

Estos símbolos son fáciles para el hispanohablante porque representan los sonidos que se encuentran a diario en su idioma nativo. En la página siguiente se encuentran los cinco sonidos adicionales que tiene el inglés. Es necesario incorporar esos sonidos para pronunciar correctamente el inglés.

SONIDOS QUE SOLO EXISTEN EN INGLES

Para aprender a pronunciar el inglés hay que incorporar los sonidos siguientes, los cuales no se encuentran en el español. Pídale por favor a una persona de habla inglesa que pronuncie las siguientes palabras para Ud.

(ã)   Cat   Cash   Janet

(i)   Miss   This   Fish   Hit

(uh)   Up   Sun   Run   Love   Nut

(u)   Book   Cook   Look

(er)   Her   Sir   Turn

Si Ud. aprende los cinco sonidos únicos del inglés, Ud. está en camino de hablar bien el inglés. Estos símbolos están desarrollados para ser entendidos aunque la pronunciación no sea perfecta.

GUIA DE LA PRONUNCIACION

CONSONANTES

Los sonidos de la guía de la pronunciación son fáciles porque son los mismos sonidos que se encuentran diaramente en el español.

B	como Baja	M	como Madre
C	como Cosa	N	como Nunca
CH	como Chico	P	como Poco
D	como Día	S	como Soy
F	como Frío	T	como Tú
G	como Gordo	V	como Vida
J	como Julio	Y	como Yo
L	como Los		

SONIDOS QUE SOLO EXISTEN EN INGLES

Estos sonidos son extraños al hispanohablante y cuesta trabajo familiarizarse con su sonido. Es necesario dominar estos sonidos porque distinguen la buena y correcta pronunciación del inglés.

J   La **J** representa el sonido **"J"** del inglés. No se pronuncia como la **"J"** del español. Pídale a una persona de habla inglesa que pronuncie las siguientes palabras para Ud.

J   **J**une   **J**uly   **J**ump

SH   Como las palabras inglesas:
She   **Sh**op   **Sh**oe

TH   Como la d de nada
The   **Th**is   **Th**at

Th   También como la **d** de na**d**a menos la vibración de la garganta.
think   **th**row   **th**ought

ZH   Como las palabras inglesas:
mea**s**ure plea**s**ure trea**s**ure

Z   Como las palabras inglesas:
zebra **z**oo **z**one

EJEMPLOS

Aquí se encuentran unas palabras españolas escritas con el SISTEMA DE SIMBOLOS DE VOCALES. ¿Reconoce Ud. estas palabras españolas?

1. RⓄ-JⓄ   2. Gⓐ-TⓄ   3. LⓊ-Nⓐ

4. CⓄ-Sⓐ   5. SⓔⓘS   6. TⓔN-GⓄ

7. LⓄS   8. LⓐS   9. ⓐⓤ-TⓄ

(Respuesta)

1. Rojo   2. Gato   3. Luna

4. Cosa   5. Seis   6. Tengo

7. Los   8. Las   9. Auto

Ahora se encuentran unas palabras inglesas fáciles.

Boy   BⓄⓨ   Dog   Dⓐ G
(muchacho)   (perro)

Red   RⓔD   Light   LⓐⓨT
(rojo)   (luz)

ICONOS USADOS EN ESTE LIBRO

PALABRAS CLAVES

Ud. encontrará este icono al principio de los capítulos indicando palabras claves relacionadas con el contenido del capítulo. Estas son palabras importantes con las cuales debe familiarizarse.

CONSTRUCCION DE FRASES

Este icono provee al viajero con frases alternativas que permiten al usuario construir sus propias frases.

RECUERDE

Este icono sirve para recordarle como pronunciar ciertos sonidos del idioma inglés.

Dígalo

correctamente
en
INGLÉS

PALABRAS Y FRASES ESENCIALES

Aquí están unas frases básicas que le ayudarán a expresar sus sentimientos y necesidades en inglés.

Hola
Hello
J℮-LÓ

¿Cómo está?
How are you?
Jⓐⓤ ⓐR Yⓤ

Muy bien, gracias
Fine, thank you
FⓐⓨN THⓐNK Yⓤ

¿Y usted?
And you?
ⓐND Yⓤ

Adiós
Good-bye
GⓤⓤD Bⓐⓨ

Buenos días

Good morning

G(u)D M(ó)R-N(I)N

Buenas tardes

Good evening

G(u)D (Í)V-N(I)N

Buenas noches

Good night

G(u)D N(ay)T

Señor

Mr.

M(í)S-T(er)

Señora

Mrs.

M(í)S-(i)Z

Señorita

Miss

M(i)S

Sí
Yes
YⒺS

No
No
NⓄ

Por favor
Please
PLⒾZ

Gracias
Thank you
THⓐNK YⓊ

Perdón, Disculpe
Excuse me / Pardon me
ⒺCS-CYⓊZ MⒾ / PⓐR-DⓊⓗN MⒾ

Lo siento
I'm sorry
ⓐⓨM Sⓐ-RⒾ

Soy turista

I'm a tourist

@M @ TUR-@ST

No hablo inglés

I don't speak English

@ D@NT SP@K @N-GL@SH

¿Entiende español?

Do you understand Spanish?

D@ Y@ @N-D@-ST@ND
SP@-N@SH

¡No entiendo!

I don't understand!

@ D@NT @N-D@-ST@ND

Repita, por favor.

Please repeat.

PL@Z R@-P@T

Más despacio, por favor.

More slowly, please.

M@R SL@-L@ PL@Z

EMOCIONES

Quiero...

I want...

ⓐⓨ Ⓤ-ⓐ́NT...

Tengo...

I have...

ⓐⓨ Jⓐ̃V...

Yo sé.

I know.

ⓐⓨ Nⓞ

No sé.

I don't know.

ⓐⓨ DⓞNT Nⓞ

Me gusta.

I like it.

ⓐⓨ LⓐⓨK ⓘT

No me gusta.

I don't like it.

ⓐⓨ DⓞNT LⓐⓨK ⓘT

Estoy perdido.

I'm lost.

@M L@ST

Tengo prisa.

I'm in a hurry.

@M ①N ⓔ Hⓔ-①

Estoy cansado.

I'm tired.

@M T@RD

Llego tarde.

I'm late.

@M Lⓔ T

Tengo hambre.

I'm hungry.

@M J⑩NG-R①

INTRODUCCIONES

Me llamo...

My name is...

M@y N@M @Z...

¿Cómo se llama usted?

What is your name?

J©-@́T @Z Y©R N@M

¿De dónde es usted?

Where are you from?

J©-@́R @R Y© FR@M

¿Vive usted aquí?

Do you live here?

D© Y© L@V J©R

Acabo de llegar.

I just arrived.

@y J@ST @-R@VD

¿En qué hotel está usted?

What hotel are you at?

J©-@́T J©-T@L @R Y© @T

Estoy en el hotel...

I'm at the... hotel.

ⓐyM ⓐT THⓤₕ...JⓄ-TⓔⓍL

Mucho gusto.

Nice to meet you.

ⓘT Ⓤ-ⓤₕZ NⓐyS TⓊ MⓘT YⓊ

Hasta luego.

See you later.

SⓘI YⓊ Lⓔⓘ-Tⓔr

Se pronuncia la **J** como la **j** de **j**ulio.

Recuerde

El símbolo **J̲** representa la pronunciación de la **J** como en las palabras inglesas **J**une, **J**uly, y **J**ump

¡LAS PREGUNTAS PRINCIPALES!

¿Quién?
Who?
J🅤

¿Quién es?
Who is it?
J🅤 ⒾZ ⒾT

¿Qué?
What?
J🅤-ⓤ🅗´T

¿Qué es eso?
What's that?
J🅤-ⓤ🅗´TS TH🅐T

¿Cuándo?
When?
J🅤-🅔´N

¿Dónde?
Where?
J🅤-🅔´R

¿Dónde está...?

Where is...?

Jⓤ-ⓔ́R ⓘZ...

¿Cuál?

Which?

Jⓤ-ⓘ́CH

¿Por qué?

Why?

Jⓤ-ⓐý

¿Cómo?

How?

Jⓐⓤ

¿Cuánto?

How much?

Jⓐⓤ Mⓤ̈CH

¿Cuánto tiempo?

How long?

Jⓐⓤ Lⓐ́NG

PARA PEDIR AYUDA

Las frases siguientes son muy útiles
para pedir direcciones, comida,
ayuda, etcétera.

Quisiera...

I'd like...

ⓐⓨD LⓐⓨK...

Necesito...

I need...

ⓐⓨ N①D...

¿Puede usted...

Can you...?

Cⓐ̃N YⓤU...

En español se pronuncia la **z** como
la **s**, pero en esta guía el símbolo
Z significa que se pronuncia como
la **z** del inglés en las palabras **Z**oo,
Zero, y **Z**one.

Intente esto: ponga la mano encima de la garganta
y pronuncie la letra **s**. Fíjese que no aparece
ninguna vibración. Ahora al pronunciar la **s** haga
que vibra la garganta. Es el sonido apropiado de
la **z** en inglés.

CONSTRUCCION DE FRASES

Añada las frases siguientes a quisiera y Ud. entenderá cómo se pide cosas en inglés.

Quisiera...

I'd like...

@D L@K...

▶ **más café**

more coffee

MOR C@-FO

▶ **agua**

some water

S@M W@-T@r

▶ **hielo**

some ice

S@M @S

▶ **el menú**

the menu

TH@ M@N-YO

CONSTRUCCION DE FRASES

Aquí se encuentran unas frases para decir **necesito** o **¿puede Ud.?**

Necesito...
I need...
ⓐⓨ NⒾD...

▶ **ayuda**
help
JⓔLP

▶ **direcciones**
directions
DⒾ-RⒺC-SHⓤNZ

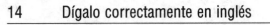

▶ **más dinero**
more money
MⓄR Mⓤ́-NⒾ

▶ **cambio**
change
CHⓔⒾN<u>J</u>

▶ **un abogado**
a lawyer
ⓔⒾ Lⓐ́-Yⓔⓡ

CONSTRUCCION DE FRASES

¿Puede usted...

Can you...

CⒶN YⓊ...

▶ **ayudarme?**

help me?

JⓔLP MⒾ...

▶ **enseñarme?**

show me?

SHⓄ MⒾ...

▶ **darme...?**

give me...?

GⒾV MⒾ...

▶ **decirme...?**

tell me...?

TⓔL MⒾ...

▶ **llevarme al...?**

take me to...?

TⒺⒸ MⒾ TⓊ...

AL PEDIR DIRECCIONES

No importa lo independiente que sea Ud., de vez en cuando tendrá que pedir direcciones.

¿Dónde está...?
Where is...?
JⓊ-ⓔ́R ⒾZ...

¿Está cerca?
Is it near?
ⒾZ ⒾT NⒾR

¿Está lejos?
Is it far?
ⒾZ ⒾT FⓐR

¡Estoy perdido! (a)
I'm lost!
ⓐⓎM LⓐST

Busco...
I'm looking for...
ⓐⓎM LⓊ́-KⒾN FⓄR...

CONSTRUCCION DE FRASES

¿Dónde está...

Where is...

JⓊ-ⓔ́R ①Z...

▸ **el baño?**

the restroom?

THⓤ Rⓔ́ST-RⓊM

▸ **el teléfono?**

the telephone?

THⓤ Tⓔ́-Lⓔ-FⓄN

▸ **la playa?**

the beach?

THⓤ B①CH

▸ **el hotel...?**

the... hotel?

THⓤ...JⓄ-Tⓔ́L

▸ **el tren para...?**

the train for...?

THⓤ TRⓔN FⓄR...

LA HORA

¿Qué hora es?

What time is it?

JⓊ-Ⓤⓗ'T TⒶM ⒾZ ⒾT

La mañana

Morning

MⓄR-NⒾN

El mediodía

Noon

NⓊN

La noche

Night

NⒶT

Hoy

Today

TⓊ-DⒺⓘ

Mañana

Tomorrow

TⓊ-MⒶ-RⓄ

Esta semana
This week
THⒾS Ⓤ-ⒾK

Este mes
This month
THⒾS MⓊNTh

Este año
This year
THⒾS YⒾR

Ahora
Now
N@

Pronto
Soon
SⓊN

Más tarde
Later
LⒺi-TⒺr

Nunca
Never
NⒺ-VⒺr

¿QUIEN ES?

Yo	Tú (usted)
I	You
ⓐⓨ	Yⓤ

Nosotros / Nosotras

We

ⓤ-Ⓘ́

Ellos / Ellas

They

THⓔⓘ

El Y la
El / la / los / las

The

THⓤⓗ

Unos / Unas

Some

SⓤⓗM

El símbolo TH representa que se pronuncia como la **d** de na**d**a. El símbolo **Th** se pronuncia como la th de las palabras inglesas: ma**th**, **th**ink, y **th**row.

Recuerde

Haga esto para una demostración de la diferencia entre estos símbolos. Póngase la mano sobre la garganta y diga la palabra na**d**a.

Fíjese que hay una vibración cuando se pronuncia la **d** de na**d**a. Cuando se pronuncian las palabras del símbolo **Th** no hay ninguna vibración.

El símbolo ① se pronuncia como la i de S**í**.

El símbolo ⓘ se pronuncia como la **i** de las palabras inglesas h**i**t, **i**t, y s**i**t.

Se pronuncia el símbolo ⓤ como la **u** de t**ú** y s**u**.

El símbolo ⓦ se pronuncia como la **ou** de las palabras inglesas c**ou**ld, w**ou**ld, y sh**ou**ld.

PALABRAS OPUESTAS

Cerca	**Lejos**
Near	Far
NⒾR	F@R

Aquí / Acá	**Ahí / Allá**
Here	There
HⒾR	THⓔR

Izquierda	**Derecha**
Left	Right
LⓔFT	RⓐⓨT

Un poco	**Mucho**
A little	A lot
Ⓔⓘ LⒾTL	Ⓔⓘ L@T

Más	**Menos**
More	Less
MⓄR	LⓔS

Grande	**Pequeño**
Big	Small
BⒾG	SM@L

Abierto	**Cerrado**
Open	Closed
Ó-PěN	KLOZD

Barato	**Caro**
Cheap	Expensive
CHĬP	ěC-SPěN-SĭV

Limpio	**Sucio**
Clean	Dirty
CLĬN	Děr-TĬ

Bueno	**Malo**
Good	Bad
GŮD	BĂD

Desocupado	**Ocupado**
Vacant	Occupied
Věi-CěNT	ăC-YŮ-PayD

Correcto	**Incorrecto**
Right	Wrong
RayT	RăNG

PALABRAS CARIÑOSAS

Te amo

I love you

@y Luh)V Yu)

Mi amor

My love

M@y Luh)V

Novio (a)

Sweetheart

Su)-ŒT-J@RT

Mi amigo / Mi amiga

My friend

M@y FRêND

¡Bésame!

Kiss me!

CîS Mî

PALABRAS DE EMOCION

¿Qué quiere usted?
What do you want?
JＵ-ｕｈ́T DＵ YＵ Ｕ-ａ́NT

¡Déjeme en paz!
Leave me alone!
LＩV MＩ ｕｈ-LＯ́N

¡Vete!
Go away!
GＯ ｕｈ-Ｕ-ｅｉ́

¡No me moleste más!
Stop bothering me!
STａP Bａ́-THｅｒ-ＩN MＩ

¡Silencio!
Be quiet!
BＩ CＵ-ａ́ｙ-ｅ̃T

¡Basta!
That's enough!
THａ̃TS Ｉ-NｕｈF

EXPRESIONES COMUNES EN INGLES

Cuando Ud. quiere responder y no le vienen las palabras, escoja alguna de estas frases.

¿Quién sabe?

Who knows?

JⓊ NⓄZ

¡Es verdad!

That's the truth!

THⓐTS THⓤₕ TRⓊTh

¡Claro!

Sure!

SHⓊR

¡Caramba!

Wow!

Ⓤ-ⓐⓤ́

¿Qué pasa?

What's happening?

JⓊ-ⓤₕ́TS Jⓐ́-Pℯ̃-NⒾN

¡Creo que sí!

I think so!

ay THINK SO

¡Salud!

Cheers!

CHIRZ

¡Buena suerte!

Good luck!

GUD LuhC

¡Con mucho gusto!

With pleasure!

U-iTh PLē-ZHer

¡Dios mío!

My goodness!

May GUD-NēS

¡Qué lástima!

Too bad!

TU BaD

¡Olé!

Bravo!

BRa-VO

MANDATOS UTILES

¡Párese!
Stop!
ST@P

¡Vaya!
Go!
G⊙

¡Espérese!
Wait!
Ⓤ-ⓔⒾ́T

¡Andele!
Hurry!
Jⓔ́ŕ-Ⓘ

¡Despacio!
Slow down!
SLⓄ DⓐⓤN

¡Ven acá!
Come here!
CⓤⓗM JⒾR

¡Socorro!
Help!
Jⓔ̈LP

URGENCIAS

¡Incendio!
Fire!
F@yR

¡Emergencia!
Emergency!
①-M@ŕ-J℮N-S①

¡Llame a la policía!
Call the police!
C@L TH@ P@-L①S

¡Llame un médico!
Call a doctor!
C@L ℮ D@C-T℮

¡Llame una ambulancia!
Call an ambulance!
C@L @N @M-BY℮-L℮NS

¡Necesito ayuda!
I need help!
@y N①D J℮LP

LA LLEGADA

Pasar por la aduana debe ser fácil. Es posible que le pregunten la duración de su estancia y si tiene algo que declarar. También le preguntan si el viaje es de negocios o de visita.

- Tenga listo su pasaporte.

- Asegúrese que todos los documentos estén en orden.

- Es prudente guardar los recibos de sus compras.

- Si Ud. tiene que conectarse con otro vuelo es buena idea confirmarlo de antemano.

- Marque bien el equipaje con su información por dentro y por fuera.

- Llévese las cosas de valor y medicinas consigo en el avión.

LETREROS:

CUSTOMS (Aduana)
BORDER (Frontera)
BAGGAGE CLAIM (Reclamación de equipaje)
LOST BAGGAGE (Equipaje perdido)

PALABRAS CLAVES

El equipaje
Baggage
BÅG-ⒾJ

La aduana
Customs
CⓤⒽS-Tⓤ̇ⒽMZ

Los documentos
Documents
DÅC-YⓊ-MⒺNTS

El pasaporte
Passport
PÅS-PⓄRT

El maletero
Porter
PⓄR-TⒺr

Los impuestos
Tax
TÅCS

FRASES UTILES

Vengo de negocios.

I'm here on business.

ⓐⓨM Jⓞ̇R ⓐN Bⓤ̇Z-Nⓘ̇S

No tengo nada que declarar.

I have nothing to declare.

ⓐⓨ Jⓐ̃V Nⓤ̇ⓗ́-THⓘ̇NG
Tⓤ Dⓘ̇-CLⓔⓡR

Vengo de vacaciones.

I'm here on vacation.

ⓐⓨM Hⓘ̇R ⓐN Vⓔⓘ-Cⓔⓘ́-SHⓤⓗN

Aquí tiene mi pasaporte.

Here is my passport.

Jⓞ̇R ⓘ̇Z Mⓐⓨ Pⓐ̃S-Pⓞ̇RT

¿Hay algún problema?

Is there a problem?

ⓘ̇Z THⓔⓡR ⓔⓘ PRⓐ̃B-LⓔⓡM

No comprendo.   No entiendo.

I don't understand.

ⓐⓨ Dⓞ̇NT ⓤⓗN-Dⓔⓡ-STⓐ̃ND

CONSTRUCCION DE FRASES

No tengo nada que declarar.

I have nothing to declare.

ⓐⓨ JⓐV Nⓤₕ'-THⒾNG TⓊ DⒾ-CLⓔ̆R

Me voy a quedar…

I'll be staying…

ⓐⓨL BⒾ STⓔⓘ'-ING…

▶ **una semana**

one week

Ⓤ-ⓤₕ'N Ⓤ-Ⓘ'C

▶ **dos semanas**

two weeks

TⓊ Ⓤ-Ⓘ'CS

▶ **un mes**

one month

Ⓤ-ⓤₕ'N MⓤₕNTh

▶ **dos meses**

two months

TⓊ MⓤₕNTHS

PREGUNTAS

¡Necesito un maletero!

I need a porter!

ⓐⓨ NⒾD ⓔⓘ PⓄ́R-Tⓔⓡ

Estas son mis maletas.

These are my bags.

THⒾZ ⓐR Mⓐⓨ Bⓐ̃GZ

Me falta una maleta.

I'm missing a bag.

ⓐⓨM MⒾ́-SⒾN ⓔⓘ Bⓐ̃G

Lleve mis maletas al taxi, por favor.

Take my bags to a taxi, please.

TⓔⓘC Mⓐⓨ Bⓐ̃GZ TⓊ ⓔⓘ
Tⓐ̃C-SⒾ PLⒾZ

Gracias.

Thank you.

THⓐ̃NK YⓊ

Esto es para usted.

This is for you.

THⒾS ⒾZ FⓄR YⓊ

CONSTRUCCION DE FRASES

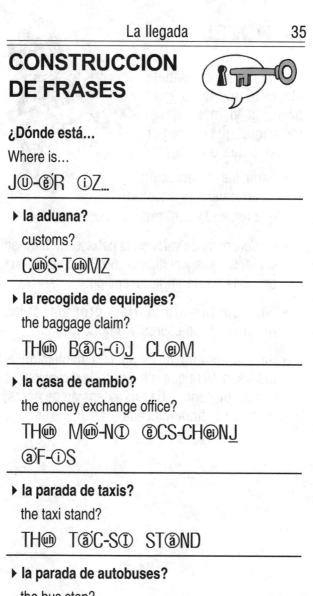

¿Dónde está...

Where is…

JⓊ-ⓔR ⓘZ…

▶ **la aduana?**

customs?

CⓤⓗS-TⓤⓗMZ

▶ **la recogida de equipajes?**

the baggage claim?

THⓤⓗ BⓐG-ⓘJ CLⓔⓘM

▶ **la casa de cambio?**

the money exchange office?

THⓤⓗ Mⓤⓗ-Nⓘ ⓔCS-CHⓔⓘNJ ⓐF-ⓘS

▶ **la parada de taxis?**

the taxi stand?

THⓤⓗ TⓐC-Sⓘ STⓐND

▶ **la parada de autobuses?**

the bus stop?

THⓤⓗ BⓤⓗS STⓐP

EL HOTEL

Hay una gran variedad de alojamiento de lo más básico a lo más lujoso. Investigue qué recibe por el precio que Ud. paga.

- Haga las reservacion anteriormente y aseg... que le den la confirmación por escrito.

- Ne deje nada de valor en la habitación. Llévese las medicinas y el dinero con Ud. o vea si hay una caja fuerte en la recepción.

- Se acostumbra darles propina a las recamareras, meseros y botones.

- Se acostumbra desocupar la habitación al mediodía. Verifique la hora con la recepcionista y si le conviene, pida una extensión de horas, antes de la hora indicada.

PALABRAS CLAVES

El hotel
Hotel
JO-TëL

El botones
Bellman
BëL-MuhN

La recamarera
Maid
MeiD

El recado
Message
MëS-iJ

La reservación
Reservation
Rë-Zer-Vei-SHuhN

El servicio a las habitaciones
Room service
RUM Ser-ViS

LA RECEPCION

RECEPTION

Me llamo...

My name is...

M͏ay N͏eiM ͏iZ...

Tengo una reservación.

I have a reservation.

͏ay J͏āV ͏ei R͏ē-Z͏erR-V͏ei-SH͏uhN

¿Tiene alguna habitación libre?

Do you have any vacancies?

D͏U Y͏U J͏āV ͏ě-N͏I V͏ei-K͏ēN-S͏IZ

¿Cuánto es por noche?

How much per night?

J͏au M͏uhCH P͏er N͏ayT

¿Hay servicio a las habitaciones?

Is there room service?

͏iZ TH͏ēR R͏UM S͏er-V͏iS

CONSTRUCCION DE FRASES

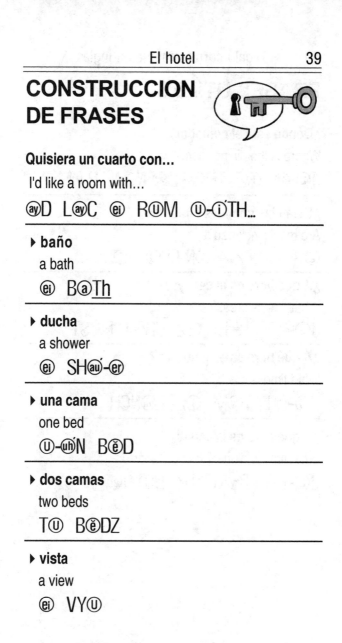

Quisiera un cuarto con...

I'd like a room with...

ⒶD LⒶC ⒺⒾ RⓊM Ⓤ-ⒾTH...

▸ **baño**

a bath

ⒺⒾ BⒶTh

▸ **ducha**

a shower

ⒺⒾ SHⒶⓊ'-ⒺR

▸ **una cama**

one bed

Ⓤ-ⓊhN BⒺD

▸ **dos camas**

two beds

TⓊ BⒺDZ

▸ **vista**

a view

ⒺⒾ VYⓊ

FRASES UTILES

¿Dónde está el comedor?

Where is the dining room?

JU-eŕ iZ THuh Dav́-NiN RUM

¿Están las comidas incluidas?

Are meals included?

aR MiLZ iN-CLU-DiD

¿A qué hora es el desayuno?

What time is breakfast?

JU-uh́T Tav́M iZ BRëC-FëST

¿A qué hora es el almuerzo?

What time is lunch?

JU-uh́T Tav́M iZ LuNCH

¿A qué hora es la cena?

What time is dinner?

JU-uh́T Tav́M iZ Dí-Ner

La llave de mi cuarto, por favor.

My room key, please.

MⓐY RⓊM CⒾ PLⒾZ

¿Tengo algún recado?

Are there any messages?

ⓐR THⓔR Ⓔ́-NⒾ Mⓔ́-SⒾ-JⒾZ

Por favor, me despierta a las...

Please wake me at...

PLⒾZ Ⓤ-ⓔiK MⒾ ⓐT...

seis	**seis y media**
6:00	6:30
SⒾCS	SⒾCS Thⓔ́R-TⒾ
siete	**siete y media**
7:00	7:30
Sⓔ́-VⒾN	Sⓔ́-VⒾN Thⓔ́R-TⒾ
ocho	**ocho y media**
8:00	8:30
ⓔiT	ⓔiT Thⓔ́R-TⒾ
nueve	**nueve y media**
9:00	9:30
NⓐN	NⓐN THⓔ́R-TⒾ

CONSTRUCCION DE FRASES

Necesito...

I need...

ⓐⓨ NⒾD...

▶ **jabón**

soap

SⓄP

▶ **más toallas**

more towels

MⓄR TⓐⓤLZ

▶ **cubitos de hielo**

ice cubes

ⓐⓨS KYⓊBZ

▶ **papel higiénico**

toilet paper

TⓄⓨ-LⒺT PⒺⓘ-Pⓔⓡ

▶ **un botones**

a bellman

Ⓔⓘ BⒺL-MⓤⓗN

▸ **una recamarera**
a maid
ⓔⓘ MⓔⓘD

▸ **el gerente**
the manager
THⓤⓗ Mⓐ́-Nⓘ-Jⓔⓡ

▸ **una niñera**
a babysitter
ⓔⓘ Bⓔⓘ́-Bⓘ-Sⓘ-Tⓔⓡ

▸ **otra llave**
an extra key
ⓐN ⓔ́KS-TRⓤⓗ Cⓘ

▸ **una caja fuerte**
a hotel safe
ⓔⓘ Jⓞ-Tⓔ́L SⓔⓘF

▸ **sábanas limpias**
clean sheets
CLⓘN SHⓘTS

▸ **más cobijas (mantas)**
more blankets
MⓞR BLⓐ́N-Cⓔ̈TS

CONSTRUCCION DE FRASES
(PROBLEMAS)

No hay...

There is no...

THêR îZ NO...

▸ **agua caliente**

hot water

JaT U-a-Ter

▸ **calefacción**

heat

JîT

▸ **luz**

light

LayT

▸ **electricidad**

electricity

ê-LêC-TRî-Sî-Tî

▸ **papel higiénico**

toilet paper

Toy-LêT Pei-Per

CONSTRUCCION DE FRASES
(NECESIDADES ESPECIALES)

¿Tiene Ud...

Do you have…

DⓊ YⓊ JãV…

▶ **facilidades para los inválidos?**

facilities for the disabled?

FⓊh-SⒾ-LⒾ-TⒾZ FⓄR THⓊh
DⒾS-ⒺiBLD

▶ **una silla de ruedas?**

a wheelchair?

Ⓔi JⓊ-ⒾL-CHⒺR

▶ **un ascensor?**

an elevator?

ãN ⒺL-Ⓤh-VⒺi-TⒺr

▶ **una rampa?**

a ramp?

Ⓔi RãMP

A LA SALIDA

La cuenta, por favor.

The bill, please.

TH⑩ B⓪L PL①Z

¿Está bien la cuenta?

Is this bill correct?

①Z TH①S B⓪L C⓪-R⑥CT

¿Se acepta tarjetas de crédito?

Do you accept credit cards?

D⑪ Y⑪ ⓐC-S⑥PT
CR⑥-D①T C⑧RDZ

¿Pueden bajarme el equipaje?

Can you have my luggage brought down?

C⑧N Y⑪ J⑧V M⑧
L⑩G-①J BR⑧T D⑧N

¿Puede llamarme un taxi?

Can you call a taxi for me?

C⑧N Y⑪ C⑧L ⑥ T⑧C-S①
F⑪R M①

¡Me lo pasé muy bien!

I had a great time!

ay JaD ei GReiT Tay M

Gracias por todo.

Thanks for everything.

ThaNKS FOR éV-RI-THING

¡Nos veremos la próxima!

See you next time!

SI YU NéCST Tay M

Adiós.

Goodbye.

GUD Bay

EL RESTAURANTE

La comida en los E.E.U.U. es diversa. Se encuentra una variedad de especialidades regionales. La hora de comer puede ser distinta a la hora acostumbrada para Ud.

- La costumbre en los E.E.U.U. es que hay tres comidas principales. Se sirve el desayuno hasta las 11:00 de la mañana. (Es como el desayuno o el almuerzo.) La segunda comida se llama "lunch" y normalmente es una comida medio ligera entre las once y las tres de la tarde. La comida principal normalmente se llama "dinner" o "supper." Se la toma empezando a las cinco hasta las 10:00 de la noche. Esas horas son generalizaciones y varían dependiendo de dónde y con quién Ud. se encuentre.

- Es costumbre dejar el quince por ciento de propina.

- Un buffet normalmente incluye todo lo que Ud. desee comer por un precio fijo.

PALABRAS CLAVES

El desayuno

Breakfast

BRĕC-FĕST

El almuerzo

Lunch

LⓊNCH

La cena

Dinner

DⒾ-Nⓔⓡ

El camarero

Waiter

Ⓤ-ⓔⓘ-Tⓔⓡ

La camarera

Waitress

Ⓤ-ⓔⓘ-TRĕS

El restaurante

Restaurant

RĕST-Rⓐ NT

FRASES UTILES

Una mesa para...

A table for...

ⓤⓗ Tⓔⓘ´-BL FⓞR...

dos	cuatro	seis
two	four	six
Tⓤ	FⓞR	SⓘCS

El menú, por favor.

The menu, please.

THⓤⓗ Mⓔ´N-Yⓤ PLⓘZ

Cuentas separadas, por favor.

Separate checks, please.

Sⓔ´-PRⓔT CHⓔCS PLⓘZ

Tenemos prisa.

We are in a hurry.

ⓤ-ⓘ ⓐR ⓘN ⓔⓘ Jⓔ´R-ⓘ

¿Qué recomienda la casa?

What do you recommend?

Jⓤ-ⓤⓗT Dⓤ Yⓤ Rⓔ´-Cⓤⓗ-Mⓔ´ND

Me trae... por favor

Prease bring me...

PL①Z BR①NG M①...

Nos trae... por favor

Please bring us...

PL①Z BR①NG ⓤⓗS...

Tengo hambre.

I'm hungry.

ⓐⓨM JⓤⓗN-GR①

Tengo sed.

I'm thirsty.

ⓐⓨM ThⓔⓡRS-T①

La cuenta, por favor.

The bill, please.

THⓤⓗ B①L PL①Z

Gracias

Thank you

TH@NK Y①

CONSTRUCCION DE FRASES

Es fácil pedir refrescos y es buena oportunidad de practicar su inglés.

Me trae... por favor

Please bring me...

PLⒾZ BRⒾNG MⒾ...

▸ **un café**
some coffee
SⓊM Cⓐ-FⒾ

▸ **un té**
some tea
SⓊM TⒾ

▸ **con crema**
with cream
Ⓤ-ⒾTh CRⒾM

▸ **con azúcar**
with sugar
Ⓤ-ⒾTh SHⓊ-Gⓔr

▸ **con limón**
with lemon
Ⓤ-ⒾTh Lⓔ-MⓊN

▸ **con hielo**
with ice
Ⓤ-ⒾTH ⓐyS

Los refrescos
Soft drinks
S@FT DR①NCS

La leche
Milk
M①LC

El chocolate
Hot chocolate
J@T CH@C-L①T

El jugo
Juice
J⑩S

El jugo de naranja
Orange juice
Ó'R-①NJ J⑩S

El agua fría
Ice water
@yS ⑪-@'-T@r

El agua mineral
Mineral water
M①'-N@r-⑩L ⑪-@'-T@r

EN EL BAR

El cantinero

Bartender

B@R-T©N-D©r

La lista de vinos por favor

The wine list please

TH⓾ ⓾-ⓐyN L①ST PL①Z

El cóctel

Cocktail

C@C-T©iL

Con hielo

On the rocks

@N TH⓾ R@CS

Sin hielo

Straight

STR©iT

Con limón

With lemon

⓾-①TH L©-M⓾N

CONSTRUCCION DE FRASES

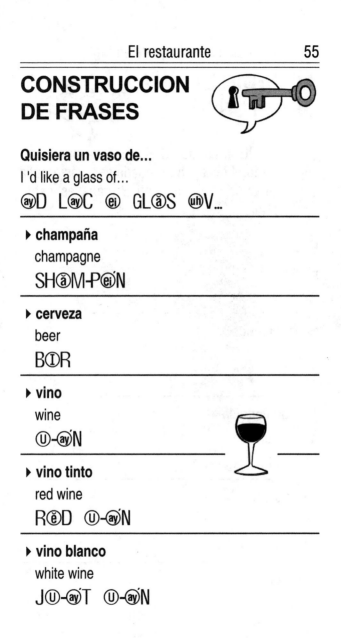

Quisiera un vaso de...
I 'd like a glass of...
ⓐyD Lⓐ)C ⓔⓘ GLⓐS ⓤⓗV...

▶ **champaña**
champagne
SHⓐM-PⓔⓘN

▶ **cerveza**
beer
BⓘR

▶ **vino**
wine
Ⓤ-ⓐ)N

▶ **vino tinto**
red wine
Rⓔ)D Ⓤ-ⓐ)N

▶ **vino blanco**
white wine
JⓊ-ⓐ)T Ⓤ-ⓐ)N

AL PEDIR EL DESAYUNO

En los EEUU la comida de la mañana puede ser ligera como el desayuno o puede ser más amplia como el almuerzo. En Gran Bretaña es estilo continental.

El pan

Bread

BR︎ED

El pan tostado...

Toast

T︎ST...

con mantequilla

with butter

︎-︎TH B︎-T︎r

con mermelada

with jam

︎-︎TH J︎M

El cereal

Cereal

S︎R-Y︎L

CONSTRUCCION DE FRASES

Quisiera…

I'd like…

@D L@C..

▸ **dos huevos…**

two eggs…

T⓪ ⓔGS…

▸ **revueltos**   ▸ **fritos**

scrambled   fried

SCRⓐMBLD   FR@D

▸ **con tocino**

with bacon

⓪-ⓘTh Bⓔⓘ-CⓊhN

▸ **con jamón**

with ham

⓪-ⓘTh JⓐM

▸ **con papas, con patatas**

with potatoes

⓪-ⓘTh PⓊh-Tⓔⓘ-T⓪Z.

LAS COMIDAS

Este capítulo le ayuda a pedir
comidas conocidas.

Quisiera...

I'd like...

ⓐD Lⓐ C...

Quisiéramos...

We'd like...

Ⓤ-ⒾD Lⓐ C...

Nos trae... por favor

Please bring us...

PLⒾZ BRⒾNG ⓤhS...

La señora quisiera...

The lady will have...

THⓤh Lⓔⓘ-DⒾ Ⓤ-ⒾL JⓐV...

El señor quisiera...

The gentleman will have...

THⓤh JⓔNTL-Mⓤh N Ⓤ-ⒾL JⓐV...

PARA EMPEZAR

Los entremeses

Appetizers

ã-PĬ-T@y-ZẽrZ

El pan y la mantequilla

Bread and butter

BRẽD @ND Bũh-Tẽr

El queso

Cheese

CHĬZ

La fruta

Fruit

FRŪT

La ensalada

Salad

Sã́L-ĬD

La sopa

Soup

SŪP

LAS CARNES

La carne de res
Beef
BⒾF

El bistec
Steak
STⓔⒾK

La carne de puerco, Las carnitas
Pork
PⓄRC

El jamón
Ham
JⓐM

El tocino
Bacon
BⓔⒾ-CⓊⒽN

El cordero
Lamb
LⓐM

La carne de ternera
Veal
VⒾL

LAS AVES CASERAS

El pollo al horno

Baked chicken

B@CT CH①C-①N

El pollo a la parrilla

Broiled chicken

BR@LD CH①C-①N

El pollo frito

Fried chicken

FR@D CH①-C①N

El pato

Duck

D@C

El pavo or El guajolote

Turkey

T@-C①

El ganso

Goose

G@S

LOS MARISCOS

El pescado
Fish
FⒾSH

La langosta
Lobster
LⓐB-STⓔr

Las ostras
Oysters
ⓄⓨS-TⓔrZ

El salmón
Salmon
Sⓐ-MⓤⓗN

Los camarones
Shrimp
SHRⓘMP

La trucha
Trout
TRⓐⓤT

El atún
Tuna
TⓊ-Nⓤⓗ

OTRAS COMIDAS

La torta, El bocadillo
Sandwich
S@ND-Ⓤ-ⒾCH

El hot dog
Hot dog
J@T D@G

La hamburguesa
Hamburger
J@M-BⒺⓇ-GⒺⓇ

Las papas fritas / Las patatas fritas
French fries
FRⒺNCH FR@Z

La pasta
Pasta
P@S-TⓤⒽ

La pizza
Pizza
PⒾT-SⓤⒽ

LOS VEGETALES

Las zanahorias

Carrots

CÓR-uhTS

El maíz

Corn

CORN

Los hongos,   Los champiñones

Mushrooms

MuhSH-RuMZ

Las cebollas

Onions

uhN-YuhNZ

La papa, La patata

Potato

Puh-Tei-TO

El arroz

Rice

Rays

El tomate

Tomato

TO-Mei-TO

LAS FRUTAS

La manzana

Apple

ⓐ-PL

La banana

Banana

Bⓤⓗ-Nⓐ-Nⓤⓗ

Las uvas

Grapes

GRⓔⓘPS

El limón

Lemon

Lⓔ-MⓤⓗN

La naranja

Orange

ÓR-ⓘNJ

La fresa

Strawberry

STRⓐ-BⓔR-ⓘ

La sandía

Watermelon

ⓤ-ⓐ-Tⓔr-Mⓔ-LⓤⓗN

LOS POSTRES

Los Postres
Desserts
DⒾ-ZⒺⓇTS

El pastel de manzana
Apple pie
ⒶPL PⒶⓨ

El pastel de cereza
Cherry pie
CHⒺR-Ⓘ PⒶⓨ

Los pasteles
Pastries
PⒺⒾS-TRⒾZ

Los dulces
Candy
CⒶN-DⒾ

La nieve / El helado
Ice cream
ⒶⓨS CRⒾM

El barquillo de helado

Ice cream cone

@S CRØM CØN

El chocolate

Chocolate

CH@C-LØT

La fresa

Strawberry

STR@-BÊR-Ø

La vainilla

Vanilla

V@-NØL-@

LOS CONDIMENTOS

La sal	**La pimienta**
Salt	Pepper
S@LT	P@́-P@r

El azúcar
Sugar
SH@́-G@r

La mayonesa
Mayonnaise
M@í-N@Z

La mantequilla
Butter
B@́-T@r

La mostaza
Mustard
M@́S-T@rD

El ketchup
Ketchup
K@́-CH@P

El vinagre y aceite
Vinegar and oil
V@́-N@-G@r @ND @yL

A PONER LA MESA

Una taza
A cup
ⓔ CⓤhP

Un vaso
A glass
ⓔ GLⓐS

Una cuchara
A spoon
ⓔ SPⓤN

Un tenedor
A fork
ⓔ FⓞRK

Un cuchillo
A knife
ⓔ NⓐⓨF

Un plato
A plate
ⓔ PLⓔⓘT

Una servilleta
A napkin
ⓔ NⓐP-KⓘN

INSTRUCCIONES PARA COCINAR

Al horno
Baked
B@CT

A la parrilla
Broiled
BR@LD

Al vapor
Steamed
ST①MD

Frito
Fried
FR@D

Poco cocida
Rare
R@R

Término medio
Medium
M①D-Y@M

Bien cocida
Well done
①-@L D@N

DIFICULTADES

Disculpe, no pedí esto.

Excuse me, I did not order this.

ẽCS-CYÜZ MⒾ ⒶY DⒾD NⒶT

ⓞŔ-Dⓔⓡ THⒾS

¿Está bien la cuenta?

Is this bill correct?

ⒾZ THⒾS BⒾL CⓞR-ẽĆT

Me trae... por favor

Please bring me...

PLⒾZ BRⒾNG MⒾ...

PASEANDO

¡Visitar un país extranjero puede ser una aventura! Los conductores de taxis y camiones normalmente no hablan español. Así pues es necesario comunicarse con direcciones simples. La mayoría de las ciudades grandes en los E.E.U.U. tiene sistemas eficaces de autobuses que son una manera barata de visitar o conocer una ciudad. Las palabras y frases de este capítulo le ayudan a llegar a donde quiera.

- Los taxis en los E.E.U.U. miden la distancia y tienen un precio fijo por milla. Es apropiado darles propina a los taxistas al bajarse también.

- No suba a ningún carro que no esté marcado "taxi."

- Si Ud. viaja por tren en Europa acuérdese que el tren sale a su hora. Llegue temprano para dejar tiempo para comprar el boleto y presentarse.

- Si tiene reservaciones en un hotel, muchas veces tiene transporte gratis del aeropuerto al hotel y del hotel al aeropuerto. Investigue cuando haga la reservación.

PALABRAS CLAVES

El aeropuerto
Airport
ÉR-PORT

La estación de autobuses
La parada de autobuses
Bus Station / Bus Stop
BuhS STei-SHuhN / BuhS STaP

Una agencia de carros alquilados
Car Rental Agency
CaR RËNTL ei-JËN-SI

La estación de metro
Subway Station
SuhB-U-ei STei-SHuhN

La parada de taxis
Taxi Stand
TaC-SI STaND

La estación de ferrocarriles
Train Station
TReiN STei-SHuhN

VIAJES EN AVION

Las llegadas
Arrivals
ⓤ-Rⓐy-Vⓤ̀LZ

Las salidas
Departures
Dⓘ-Pⓐ́R-CHⓔrZ

El número de vuelo
Flight number
FLⓐyT Nⓤ́M-Bⓔr

La línea aérea
Airline
ⓔ́R-LⓐyN

La puerta
The gate
THⓤ GⓔiT

La información
Information
ⓘN-FⓄR-Mⓔ́i-SHⓤN

El boleto
Ticket (airline)
Tⓘ́C-ⓘT

Las reservaciones
Reservations
Rⓔ̃-Zⓔr-Vⓔ́i-SHⓤNZ

CONSTRUCCION DE FRASES

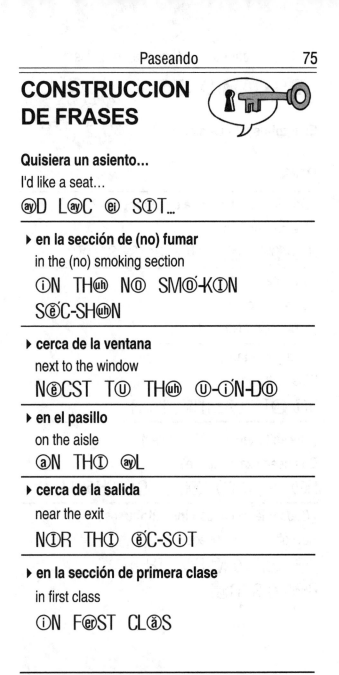

Quisiera un asiento...

I'd like a seat...

ⓐⓨD LⓐⓨC ⓔⓘ SⓘT...

▶ **en la sección de (no) fumar**

in the (no) smoking section

ⓘN THⓤⓗ NⓄ SMⓄ́-KⓘN
Sⓔ́C-SHⓤⓗN

▶ **cerca de la ventana**

next to the window

Nⓔ́CST Tⓤ THⓤⓗ Ⓤ-ⓘ́N-DⓄ

▶ **en el pasillo**

on the aisle

ⓐN THⓘ ⓐⓨL

▶ **cerca de la salida**

near the exit

NⓘR THⓘ ⓔ́C-SⓘT

▶ **en la sección de primera clase**

in first class

ⓘN Fⓔ́RST CLⓐ̈S

LOS CAMIONES

El autobús / El camión

Bus

B⓾S

¿Dónde está la parada de autobuses?

Where is the bus stop?

JŪ-ĕR ĪZ THⓤ BⓤS STⓐP

¿Va usted a...?

Do you go to...?

DŪ YŪ GŌ TŪ...

¿Cuál es la tarifa?

What is the fare?

JŪ-ⓤT ĪZ THⓤ FĕR

¿Necesito tener cambio exacto?

Do I need exact change?

DŪ ⓐy NĪD ĕG-SⓐCT CHⓔNJ

¿Cada cuándo pasan los autobuses?

How often do the buses run?

Jⓐu ⓐF-TĕN DŪ THⓤ
BⓤS-ĪS RⓤN

CONSTRUCCION DE FRASES

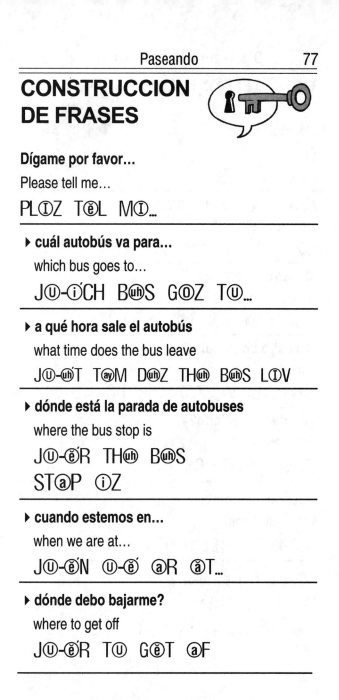

Dígame por favor...

Please tell me...

PLⓘZ TⓔL Mⓘ...

▸ **cuál autobús va para...**

which bus goes to...

Jⓤ-ⓘ́CH BⓤⓗS GⓄZ Tⓤ...

▸ **a qué hora sale el autobús**

what time does the bus leave

Jⓤ-ⓤⓗT Tⓐ́yM DⓤⓗZ THⓤⓗ BⓤⓗS LⓘV

▸ **dónde está la parada de autobuses**

where the bus stop is

Jⓤ-ⓔ́R THⓤⓗ BⓤⓗS STⓐP ⓘZ

▸ **cuando estemos en...**

when we are at...

Jⓤ-ⓔ́N ⓤ-ⓔ́ ⓐR ⓐT...

▸ **dónde debo bajarme?**

where to get off

Jⓤ-ⓔ́R Tⓤ Gⓔ́T ⓐF

POR AUTOMOVIL

Llénelo.

Fill it up.

FⓘL ⓘT ⓤⓗP

¿Puede usted ayudarme?

Can you help me?

CⓐN Yⓤ JⓔLP Mⓘ

Mi carro no arranca.

My car won't start.

Mⓐⓨ CⓐR ⓤ-ⓞ́NT STⓐRT

Necesito un mecánico.

I need a mechanic.

ⓐⓨ NⓘD ⓔⓘ Mⓔ-Cⓐ̃-NⓘC

¿Pueden arreglarlo?

Can you fix it?

CⓐN Yⓤ FⓘCS ⓘT

¿Cuánto costará?

What will it cost?

Jⓤ-ⓤⓗ́T ⓤ-ⓘ́L ⓘT CⓐST

¿Cuánto tiempo dura?

How long will it take?

Jⓐⓤ LⓐNG ⓤ-ⓘ́L ⓘT TⓔⓘC

CONSTRUCCION DE FRASES

Revise...

Please check...

PLⓘZ CHⓔC...

▸ **el aceite por favor**

the oil

THⓊⓗ ⓞyL

▸ **la batería por favor**

the battery

THⓊⓗ Bⓐ́-Tⓔr-ⓘ

▸ **las llantas por favor**

the tires

THⓊⓗ TⓐyRZ

▸ **el agua por favor**

the water

THⓊⓗ Ⓤ-ⓐ́-Tⓔr

▸ **los frenos por favor**

the brakes

THⓊⓗ BRⓔiCS

LOS METROS Y TRENES

¿Dónde está el metro?

Where is the subway station?

JU-ё́R ⒤Z TH⑥ S⑥B-U-ⓔ
ST⑥-SH⑥N

¿Dónde está la estación de ferrocarril?/ tren?

Where is the train station?

JU-ё́R ⒤Z TH⑥ TRⓔN
ST⑥-SH⑥N

Un billete de ida, por favor.

A one-way ticket, please.

ⓔ ⑥-⑥N U-ⓔ T⑥C-⑥T PL⑥Z

Un billete de ida y vuelta.

A round-trip ticket.

ⓔ R⑥ND TR⑥P T⑥C-⑥T

Primera clase.

First class.

Fё́ST CL⑥S

Segunda clase.

Second class.

Sё́C-⑥ND CL⑥S

¿Cuál tren tomo para ir a...?

Which train do I take to go to...

JU-ÍCH TREiN DU ay TEiC
TU GO TU...

¿Cuánto es la tarifa?

What is the fare?

JU-uhT IZ THuh FëR

¿Está ocupado este asiento?

Is this seat taken?

IZ THIS SIT TEiC-uhN

¿Tengo que cambiar de tren?

Do I have to change trains?

DU ay JaV TU CHEiNJ TREiNZ

¿Se para este tren en...?

Does this train stop at...?

DuhZ THIS TREiN STaP aT...

¿Dónde estamos?

Where are we?

JU-ëR aR U-I

EL TAXI

¿Me puede llamar un taxi?

Can you call a taxi for me?

C@N YⓊ C@L ⓔⓘ T@́C-SⒾ
F◎R MⒾ

¿Está usted libre?

Are you free?

@R YⓊ FRⒾ

Quiero ir…

I want to go…

@ⓨ Ⓤ-@́NT TⓊ G◎…

Pare aquí por favor

Stop here please

ST@P HⒾ́R PLⒾZ

Espérese por favor

Please wait

PLⒾZ Ⓤ-ⓔⓘ́T

¿Cuánto le debo?

How much do I owe?

J@ⓤ MⓊCH DⓊ @ⓨ Ⓞ

CONSTRUCCION DE FRASES

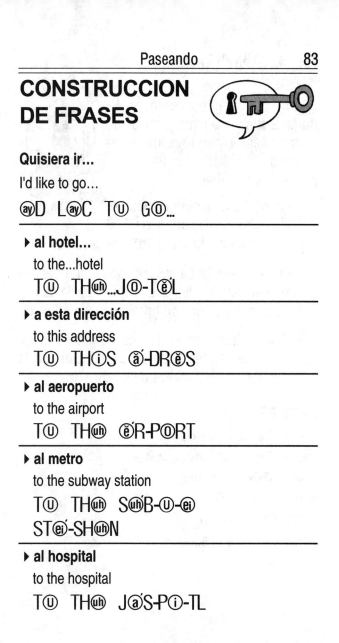

Quisiera ir...

I'd like to go…

@D L@C T@ G@...

▶ **al hotel...**

to the...hotel

T@ TH@h...J@-T@L

▶ **a esta dirección**

to this address

T@ TH@S @-DR@S

▶ **al aeropuerto**

to the airport

T@ TH@h @R-P@RT

▶ **al metro**

to the subway station

T@ TH@h S@hB-@-@i
ST@i-SH@hN

▶ **al hospital**

to the hospital

T@ TH@h J@S-P@-TL

DE COMPRAS

Si Ud. piensa ir de compras durante sus vacaciones o nada más necesita comprar unas cosas de uso diario, las frases siguientes son útiles.

- En los E.E.U.U. normalmente se abren las tiendas desde las 9:00 de la mañana hasta la 5:00 de la tarde.

- En la mayoría de las ciudades grandes se encuentran "malls", o sea muchas tiendas o almacenes dentro de un gigantesco edificio.

- Guarde los recibos de sus compras. Estos son importantes para su declaración en la aduana o si Ud. quiere devolver algo.

LETREROS

MALL (Centro comercial)

DEPARTMENT STORE (Almacén)

BOOKSTORE (Librería)

BAKERY (Panadería)

MARKET (Mercado)

SUPERMARKET (Supermercado)

PALABRAS CLAVES

La tarjeta de crédito

Credit card

CRĔ-DĬT CⒶRD

El dinero

Money

Mⓜ-NⒾ

El recibo

Receipt

RⒾ-SⒾT

La venta

Sale

SⒺL

La tienda

Store

STⓄR

El cheque de viajero

Traveler's check

TRÃV-LⒺZ CHĔC

FRASES UTILES

¿Vende usted…?

Do you sell…?

DŪ YŪ SĕL…

¿Tiene usted…?

Do you have…?

DŪ YŪ JaV…

Quisiera comprar…

I'd like to buy…

ayD LayC TŪ Bay…

¿Cuánto es?

How much is it?

Jau MuhCH ĭZ ĭT

¿Cuándo se abren las tiendas?

When do the shops open?

JŪ-ĕN DŪ THuh

SHaPS Ó-PĕN

No, gracias.

No thank you.

NŌ THãNC YŪ

Sólo estoy mirando.

I´m just looking.

@M JOST LUC-IN

¡Es muy caro!

It's very expensive!

ITS VER-I ECS-PEN-SIV

¡Me lo llevo!

I'll take it!

AL TEIC IT

Quisiera un recibo, por favor.

I'd like a receipt please.

AD LAC EI RI-SIT PLIZ

Quisiera devolver esto.

I'd like to return this.

AD LAC TU RI-TERN THIS

No me viene.

It does not fit .

IT DUHZ NAT FIT

CONSTRUCCION DE FRASES

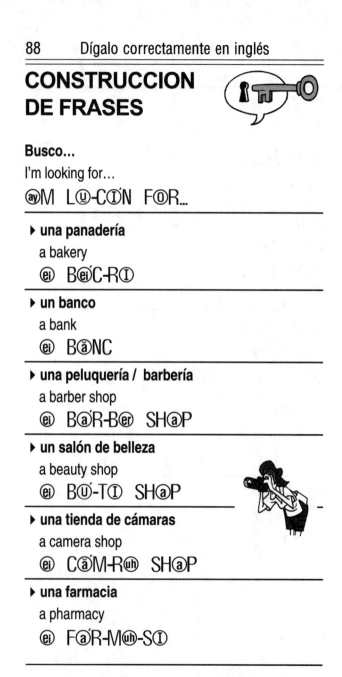

Busco…

I'm looking for…

ⓐyM Lⓤ-Cⓘ́N Fⓞ́R…

▸ **una panadería**

a bakery

ⓔi Bⓔ́iC-Rⓘ

▸ **un banco**

a bank

ⓔi Bⓐ́NC

▸ **una peluquería / barbería**

a barber shop

ⓔi Bⓐ́R-Bⓔr SHⓐP

▸ **un salón de belleza**

a beauty shop

ⓔi Bⓤ́-Tⓘ SHⓐP

▸ **una tienda de cámaras**

a camera shop

ⓔi Cⓐ́M-Rⓤh SHⓐP

▸ **una farmacia**

a pharmacy

ⓔi Fⓐ́R-Mⓤh-Sⓘ

CONSTRUCCION DE FRASES

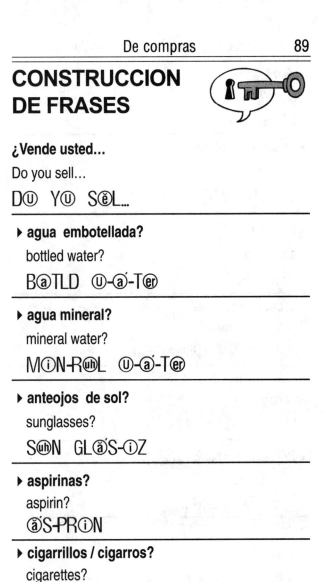

¿Vende usted...

Do you sell...

DU YU SĕL...

▸ **agua embotellada?**

bottled water?

B@TLD U-a-Ter

▸ **agua mineral?**

mineral water?

MIN-R@L U-a-Ter

▸ **anteojos de sol?**

sunglasses?

S@N GL@S-IZ

▸ **aspirinas?**

aspirin?

@S-PRIN

▸ **cigarrillos / cigarros?**

cigarettes?

SI-G@-RĕTS

▶ **camisas?**

shirts?

SH@TS

▶ **cepillos de dientes?**

toothbrushes?

T①Th BR⑩SH-①Z

▶ **champú?**

shampoo?

SH@M-P①

▶ **crema de afeitar?**

shaving cream?

SH@í-V①N CR①M

▶ **desodorante?**

deodorant?

D①-①-D@-①NT

▶ **hojas de afeitar?**

razor blades?

R@í-Z@ BL@DZ

▶ **jabón?**

soap?

S①P

▸ **loción protectora?**

sunscreen?

SⓊN SCR①N

▸ **pantimedias?**

pantyhose?

PⓐN-T①-JⓄZ

▸ **pasta de dientes?**

toothpaste?

TⓊTh-PⓔST

▸ **perfume?**

perfume?

PⓔⓇ-FYⓊM

▸ **rollo de cámara?**

film?

F①LM

SERVICIOS ESENCIALES

Hablar por teléfono, mandar tarjetas postales, y cambiar dinero son algunos quehaceres que uno tiene que hacer mientras uno viaja.

EL BANCO

Como viajero su contacto principal con los bancos será cambiar dinero.

- Tenga listo su pasaporte.

- Antes de salir cambie suficiente dinero para las propinas, comida, y transporte a su destino final.

- Por lo general se recibe mejor cambio de un banco que de una casa de cambio en un aeropuerto o el hotel.

- El tipo de cambio de su moneda al dólar se encuentra en los periódicos.

PALABRAS CLAVES

El banco

Bank

BⓐNK

La casa de cambio

Exchange office

ⓔCS-CHⓔiNJ ⓐ-FⓘS

El dinero

Money

Mⓤⓗ-NⓘI

El giro postal

Money order

Mⓤⓗ-NⓘI ⓞ´R-Dⓔr

Los cheques de viajero

Traveler's check

TRⓐV-LⓔrZ CHⓔCS

FRASES UTILES

¿Dónde hay un banco?

Where is a bank?

JU-ёR ỉZ ёi BãNC

¿A qué hora se abre el banco?

What time does the bank open?

JU-ũT TãyM DũZ THũ BãNK
Ó-PёN

¿Dónde está la casa de cambio?

Where is the exchange office?

JU-ёR ỉZ THũ ёCS-CHёNJ
ã-FỉS

¿A qué hora se abre la casa de cambio?

What time does the exchange office open?

JU-ũT Tãy M DũZ THũ
ёCS-CHёNJ ã-FỉS Ó-PёN

¿Se cambia pesos aquí?

Do you change pesos here?

DŨ YŨ CHёNJ Pёi-SŨS HỈR

¿Me puede cambiar esto?

Can you change this?

CÃN YŪ CHℯiNJ THⓘS

¿A cuánto está el cambio?

What is the exchange rate?

JŪ-ⓤʰT ⓘZ THⓤʰ ⓔCS-CHℯiNJ Rℯi T

Quisiera billetes grandes.

I'd like large bills.

ⓐyD Lⓐy C Lⓐ RJ BⓘLZ

Quisiera billetes pequeños.

I'd like small bills.

ⓐyD Lⓐy C SMⓐL BⓘLZ

Necesito cambio.

I need change.

ⓐy NⓘD CHℯiNJ

EL CORREO

Si Ud. piensa mandar cartas y postales, mándelas temprano para que no les gane en llegar. Las palabras **POST OFFICE** identifican el correo.

PALABRAS CLAVES

Por avión

Air mail

ⓔR MⓔⓘL

La carta

Letter

Lⓔ́-Tⓔr

El correo

Post office

Pⓞ́ST ⓐ́-FⓘS

La tarjeta postal

Postcard

Pⓞ́ST-Cⓐ́RD

El sello, el timbre, la estampilla

Stamp

STⓐ́MP

FRASES UTILES

¿Dónde está el correo?

Where is the post office?

JU-ÉR IZ THuh POST á-FIS

¿A qué hora se abre?

What time does it open?

JU-uhT TayM DuhZ
IT Ó-PéN

Necesito unas estampillas / unos timbres.

I need stamps.

ay NID STáMPS

Necesito un sobre.

I need an envelope.

ay NID áN éN-Vé-LOP

Necesito una pluma.

I need a pen.

ay NID ei PéN

EL TELEFONO

Es fácil hacer llamadas desde un teléfono público. Ud. las puede hacer con monedas, con su tarjeta telefónica, o con su tarjeta de crédito.

- A veces los hoteles cobran una cantidad adicional por cada llamada que marca directamente de su cuarto.

- Normalmente se encuentran teléfonos públicos en el lobby.

- Para marcar directamente a México llame al 011-52- el código de la ciudad (2 dígitos) y el teléfono.

PALABRAS CLAVES

Información

Information

ⓘN-FⓄR-Mⓔⓘ-SHⓤⓗN

Larga distancia

Long distance

LⓐNG DⓘS-TⓔNTS

La operadora

Operator

ⓐ-Pⓔr-ⓔⓘ-Tⓔr

La guía telefónica

Phone book

FⓄN BⓤⒸ

Teléfono público

Public telephone

PⓤⓗB-LⓘⒸ Tⓔ-Lⓔ-FⓄN

El teléfono

Telephone

Tⓔ-Lⓔ-FⓄN

FRASES UTILES

¿Me presta su teléfono?

May I use your telephone?

MⒺⒾ ⒶⓋ YⓊZ YⓄR TⒺ-LⒺ-FⓄN

Operadora, no hablo inglés.

Operator, I don't speak English.

Ⓐ-PⒺR-ⒺⒾ-TⒺR ⒶⓋ DⓄNT SPⒾC ⒾN-GLⒾSH

¿Hay alguien que hable español?

Is there a Spanish-speaking operator?

ⒾZ THⒺR ⒺⒾ SPⒶN-ⒾSH SPⒾ-KⒾN Ⓐ-PⒺR-ⒺⒾ-TⒺR

¿Cuándo es la hora más económica para llamar?

When is the most inexpensive time to call?

JⓊ-ⒺN ⒾZ THⓊ MⓄST ⒾN-ⒺCS-PⒺN-SⒾV TⒶⓎM TⓊ CⒶL

Quiero llamar a este número...

I want to call this number...

@y ⓤ-aⁿNT Tⓤ Ca̅L THⓘS
Nⓤ́M-Bⓔr...

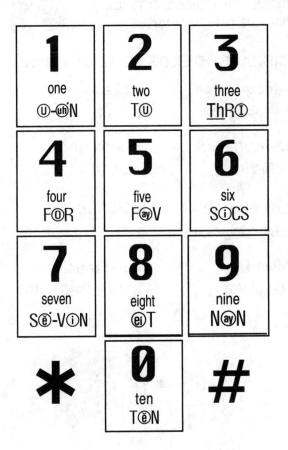

PUNTOS DE INTERES Y DIVERSION

En la mayoría de las ciudades y pueblos se encuentran oficinas de turismo donde se ofrece folletos, mapas, información histórica, y horarios para transportes.

CIUDADES DE LOS ESTADOS UNIDOS

Albuquerque
äL-Buh-Cer-CI

Dallas
Dä-LIS

Denver
DēN-Ver

Honolulu
JO-NO-LU-LU

Los Angeles
LaS äN-Jē-LIS

New York City
NYU YORC SI-TI

Miami
May-ä-MI

San Francisco
SäN FRäN-SIS-CO

PALABRAS CLAVES

La admisión
Admission
ⓐD-Mⓘ-SHⓤⓗN

El mapa
Map
Mⓐ̃P

La reservación
Reservation
Rⓔ̃-Zⓔⓡ-Vⓔⓘ-SHⓤⓗN

El boleto, El billete
Ticket
Tⓘ́C-ⓘT

La excursión
Tour
Tⓤ̃R

El guía turístico
Tour guide
Tⓤ̃R GⓐⓨD

FRASES UTILES

¿Dónde está la oficina de turismo?

Where is the tourist office?

JⓊ-ⓔ́R ⓘZ THⓤ
TⓊR-ⓘST ⓐ́-FⓘS

¿Hay una excursión a...?

Is there a tour to...?

ⓘZ THⓔ́R ⓤ TⓊR TⓊ...

¿Dónde compro la entrada?

Where do I buy a ticket?

JⓊ-ⓔ́R DⓊ ⓐ̲y Bⓐ̲y ⓔ̲i TⓘC-ⓘT

¿Cuánto cuesta la excursión?

How much does the tour cost?

Jⓐ̲u MⓤCH DⓤZ THⓤ TⓊR CⓐST

¿Cuánto dura la excursión?

How long does the tour take?

Jⓐ̲u LⓐNG DⓤZ THⓤ TⓊR Tⓔ̲iC

¿Habla español el guía?

Does the guide speak Spanish?

D(uh)Z TH(uh) G(ay)D SP(i)C SP(ä)-N(i)SH

¿Cuánto pagan los niños?

How much do children pay?

J(au) M(uh)CH D(u) CH(i)L-DR(e)N P(ei)

¿A qué hora empieza la función?

What time does the show start?

J(u)-(uh)T T(ay)M D(uh)Z TH(uh) SH(o)
ST(a)RT

¿Necesito una reserva / reservación?

Do I need reservations?

D(u) (ay) N(i)D R(e)-Z(er)-V(ei)-SH(uh)NZ

¿Adónde podemos ir a bailar?

Where can we go dancing?

J(u)-(er)R C(a)N (u)-(i) G(o) D(ä)N-S(i)N

CONSTRUCCION DE FRASES

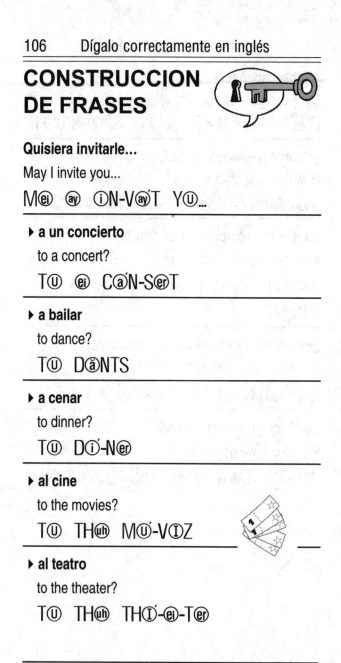

Quisiera invitarle...

May I invite you...

Mⓔⓘ ⓐy ⓘN-Vⓐy'T Yⓤ...

▶ **a un concierto**

to a concert?

Tⓤ ⓔⓘ Cⓐ'N-SⓔrT

▶ **a bailar**

to dance?

Tⓤ Dⓐ̃NTS

▶ **a cenar**

to dinner?

Tⓤ Dⓘ'-Nⓔr

▶ **al cine**

to the movies?

Tⓤ THⓤh Mⓤ'-VⓘZ

▶ **al teatro**

to the theater?

Tⓤ THⓤh THⓘ'-ⓔⓘ-Tⓔr

CONSTRUCCION DE FRASES

¿Dónde se encuentra...

Where can I find...

JⓊ-Ⓔᴿ CⒶN ⓐⓎ FⓐND...

▶ **un gimnasio?**

a health club?

ⓔⓘ JⒺLTh CLⓤʰB

▶ **una piscina / una alberca?**

a swimming pool?

ⓔⓘ SⓊ-Ⓘ-MⒶN PⓊL

▶ **una cancha de tenis?**

a tennis court?

ⓔⓘ TⒺ-NⒾS CⓄRT

▶ **un campo de golf?**

a golf course?

ⓔⓘ GⓐLF CⓄRS

LA SALUD

Esperamos que Ud. no necesite atención médica durante su estancia. Si la necesita es importante comunicarle información básica de su condición al médico.

- Hable con su compañía de seguros antes de salir para verificar que Ud. tiene seguro mientras esté en otro país.

- Llévese una traducción de la receta si toma medicina.

- Lleve consigo un botiquín portátil.

PALABRAS CLAVES
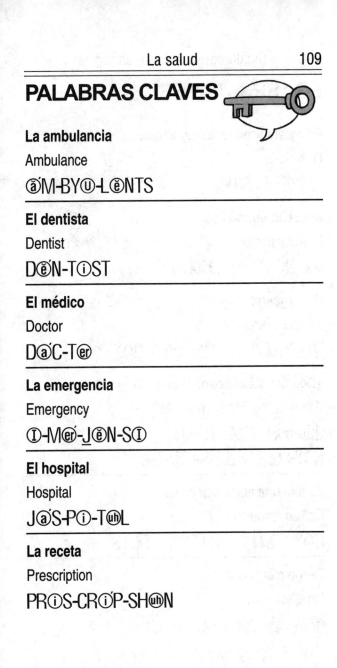

La ambulancia
Ambulance
ÁM-BYU-LÉNTS

El dentista
Dentist
DÉN-TiST

El médico
Doctor
DÁC-Ter

La emergencia
Emergency
i-Mer-JÉN-Si

El hospital
Hospital
JÁS-Pi-Tuhl

La receta
Prescription
PRiS-CRiP-SHuhN

FRASES UTILES

Estoy enfermo. / Estoy enferma.

I am sick.

ⓐⓨ ⓐM SⓘC

Necesito un médico.

I need a doctor.

ⓐⓨ NⓘD ⓔⓘ DⓐC-Tⓔⓡ

¡Es urgente!

It's an emergency!

ⓘTS ⓐN ⓘ-Mⓔⓡ-Jⓔ̲N-Sⓘ

¿Dónde está el hospital más cercano?

Where is the nearest hospital?

Jⓤ-ⓔ̆R ⓘZ THⓤⓗ
Nⓘ̆R-ⓔ̆ST Jⓐ́S-Pⓘ-TⓤⓗL

¡Llame una ambulancia!

Call an ambulance!

CⓐL ⓐN ⓐM-BYⓤ-Lⓔ̄NTS

Tengo alergias a...

I'm allergic to...

ⓐⓨM ⓤⓗ-Lⓔⓡ-Jⓘ̲C Tⓤ...

Estoy embarazada.

I'm pregnant.

@M PR@G-N@NT

Soy diabético. (a)

I'm diabetic.

@M D@-@-B@-T@C

Sufro del corazón.

I have a heart condition.

@ J@V @ H@RT
C@N-D@-SH@N

Tengo la presión alta.

I have high blood pressure.

@ J@V J@ BL@D PR@-SH@r

Tengo la presión baja.

I have low blood pressure.

@ J@V L@ BL@D PR@-SH@r

CONSTRUCCION DE FRASES

Necesito...

I need...

ⓐⓨ NⓘD...

▶ **un médico**

a doctor

ⓔⓘ DⓐC-Tⓔⓡ

▶ **un dentista**

a dentist

ⓔⓘ DⓔN-TⓘST

▶ **una enfermera**

a nurse

ⓔⓘ NⓔⓡS

▶ **un optometrista**

an optician

ⓐN ⓐP-Tⓘ-SHⓤⓗN

▶ **un farmacéutico**

a pharmacist

ⓔⓘ FⓐR-Mⓤⓗ-SⓘST

CONSTRUCCION DE FRASES

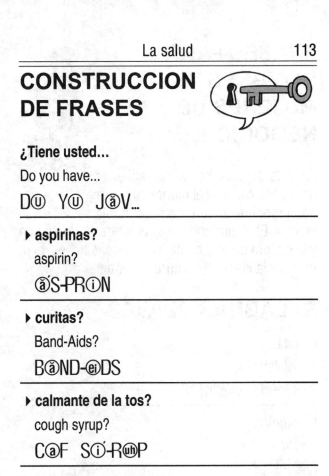

¿Tiene usted...

Do you have...

D⑩ Y⑩ J⑬V...

▸ **aspirinas?**

aspirin?

⑬'S-PR①N

▸ **curitas?**

Band-Aids?

B⑬ND-⑥DS

▸ **calmante de la tos?**

cough syrup?

C⑬F S①'-R⑩P

▸ **gotas para los oídos?**

ear drops?

①R DR⑬PS

▸ **gotas para los ojos?**

eyedrops?

⑨ DR⑬PS

FRASES PARA HOMBRES Y MUJERES DE NEGOCIOS

En esta sección se presentan unas frases básicas para el hombre o mujer de negocios en un país de habla inglesa. Es importante mostrar interés en el idioma y la cultura de otra gente. Unas pocas frases, bien pronunciadas, serán impresionantes.

PALABRAS CLAVES

La cita
Appointment
uh-PoyNT-MeNT

La reunión
Meeting
MI-TiN

El marketing
Marketing
MaR-Ke-TiN

La presentación
Presentation
PRe-ZeN-Tei-SHuhN

Las ventas
Sales
SeiLZ

114

FRASES UTILES

Tengo una cita
I have an appointment
ⓐⓨ JⓐV ⓐN ⓤⓗ-PⓞⓨNT-MⓔⓝT

Quisiera hacer una cita con...
I'd like to make an appointment with...
ⓐⓨD LⓐⓨC Tⓤ MⓔⓘC ⓐN
ⓤⓗ-PⓞⓨNT-MⓔⓝT ⓤ-ⓘ'Th...

Aquí tiene mi tarjeta personal
Here is my card
HⓘⓇ ⓘZ Mⓐⓨ CⓐRD

¿Hay un intérprete?
May we get an interpreter?
Mⓔⓘ ⓤ-ⓘ GⓔⓝT ⓐN ⓘN-Tⓔⓡ-PRⓔⓝ-Tⓔⓡ

¿Se encuentra el señor...?
May I speak to Mr...?
Mⓔⓘ ⓐⓨ SPⓘK Tⓤ MⓘS-Tⓔⓡ...

¿Se encuentra la señora...?
May I speak to Mrs...?
Mⓔⓘ ⓐⓨ SPⓘK Tⓤ Mⓘ-SⓘZ...

CONSTRUCCION DE FRASES

Necesito...

I need...

ⓐⓨ NⒾD...

▶ **una computadora**

a computer

ⓔⓘ CⓊⓗM-PYⓊ́-Tⓔⓡ

▶ **una máquina para hacer copias**

a copy machine

ⓔⓘ Cⓐ́-PⒾ MⓊⓗ-SHⒾ́N

▶ **una sala de reuniones**

a conference room

ⓔⓘ Cⓐ́N-FRⓔ̃NTS RⓊⓄM

▶ **un fax**

a fax machine

ⓔⓘ Fⓐ̃CS MⓊⓗ-SHⒾ́N

▶ **un intérprete**

an interpreter

ⓐ̃N ⒾN-Tⓔⓡ́-PRⓔ̃-Tⓔⓡ

▶ **un abogado**

a lawyer

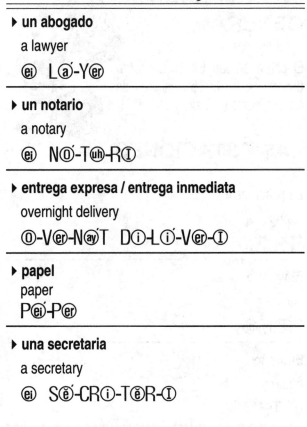

ⓔⓘ L-Ⓐ-Yⓔⓡ

▶ **un notario**

a notary

ⓔⓘ Nⓞ-Tⓤⓗ-Rⓘ

▶ **entrega expresa / entrega inmediata**

overnight delivery

ⓞ-Vⓔⓡ-NⓐⓨT Dⓘ-Lⓘ-Vⓔⓡ-Ⓘ

▶ **papel**

paper

Pⓔⓘ-Pⓔⓡ

▶ **una secretaria**

a secretary

ⓔⓘ Sⓔ-CRⓘ-TⓔR-Ⓘ

INFORMACION GENERAL

El clima en los E.E.U.U. es tan diverso como los 50 estados de costa a costa y Alaska y Hawaii.

LAS ESTACIONES

La primavera

spring

SPRⓘNG

El verano

summer

Sⓤⓗ-Mⓔⓡ

El otoño

autumn

ⓐ́-TⓤⓗM

El invierno

winter

Ⓤ-Ⓘ́N-Tⓔⓡ

LOS DIAS DE LA SEMANA

lunes
Monday
M⒰N-D⒠

martes
Tuesday
T⒰Z-D⒠

miércoles
Wednesday
⒰-⒠NZ-D⒠

jueves
Thursday
Th⒠Z-D⒠

viernes
Friday
FR⒜-D⒠

sábado
Saturday
S⒜-T⒠-D⒠

domingo
Sunday
S⒰N-D⒠

LOS MESES DEL AÑO

enero
January
JÄN-YU-ë-RI

febrero
February
FËB-RU-ë-RI

marzo
March
MARCH

abril
April
ëi-PRIL

mayo
May
Mei

junio
June
JUN

julio
July
JU-Lay

agosto
August
á-Guh-ST

septiembre
September
SËP-TËM-Ber

octubre
October
aC-TO-Ber

noviembre
November
NO-VËM-Ber

diciembre
December
DI-SËM-Ber

LOS COLORES

negro	**blanco**
Black	White
BLⓐC	JⓊ-ⓐyT
azul	**café**
Blue	Brown
BLⓊ	BRⓐⓤN
gris	**oro**
Gray	Gold
GRⓔⓘ	GⓞLD
anaranjado	**amarillo**
Orange	Yellow
ⓞR-ⓘNJ	Yⓔ-Lⓞ
rojo	**verde**
Red	Green
RⓔD	GRⓘN
rosado	**morado**
Pink	Purple
PⓘNK	Pⓔⓡ-PL

LOS NUMEROS

0	1	2
Zero	One	Two
ZⒾ-RⓄ	Ⓤ-ⓤⓗN	TⓊ

3	4	5
Three	Four	Five
<u>Th</u>RⒾ	FⓄR	FⓐyV

6	7	8
Six	Seven	Eight
SⒾCS	Sⓔ-VⒾN	ⓔiT

9	10	11
Nine	Ten	Eleven
NⓐyN	TⓔN	Ⓘ-Lⓔ-VⒾN

12	13	14
Twelve	Thirteen	Fourteen
TⓊ-ⓔLV	<u>Th</u>ⓔr-TⒾN	FⓄR-TⒾN

15	16
Fifteen	Sixteen
FⒾF-TⒾN	SⒾCS-TⒾN

17

Seventeen

Sⓔ-VⓔN-TⒾN

18	**19**
Eighteen	Ninteen
ⓔⓘ-TⓘN	NⓐⓎN-TⓘN

20	**30**
Twenty	Thirty
TⓊ-ⓔⓃN-Tⓘ	THⓔⓡ-Tⓘ

40	**50**
Forty	Fifty
FⓄR-Tⓘ	FⓘF-Tⓘ

60	**70**
Sixty	Seventy
SⓘC-STⓘ	Sⓔ-VⓘN-Tⓘ

80	**90**
Eighty	Ninety
ⓔⓘ-Tⓘ	NⓐⓎN-Tⓘ

100

One hundred

Ⓤ-ⓌⓗN HⓌⓗN-DRⓔD

1,000	**1,000,000**
One thousand	One million
Ⓤ-ⓌⓗN THⓐⓤ-SⓘND	Ⓤ-ⓌⓗN MⓘL-YⓌⓗN

DICCIONARIO

Cada entrada está primero en español. Luego sigue la traducción al inglés y la representación en el sistema EPLS para pronunciar fácilmente.

A

a la parrilla **broiled** BR⊚LD

abajo **down** D⊛N

abogado **lawyer** L⍺́-Y⊕r

abril **April** ⊕́-PR⍳L

abro **I open** ⊛ ⍪́-P⍷N

accidente **accident** ⍶C-S⍳-D⍷NT

aceite **oil** ⊚L

adiós **good-bye** G⍳D-B⊛́

aduana **customs** C⍳́S-T⍳MZ

aeronave **aircraft** ⍷́R-CR⍶FT

aeropuerto **airport** ⍷́R-P⍪RT

agencia **agency** ⊕́-J⍷N-S⍳

agencia de viajes **travel agency** TR⍶́-VL ⊕́-J⍷N-S⍳

agosto **August** ⍶́-G⍳ST

124

agradecido **grateful** GRⓐT-FⓊL

agua mineral **mineral water** MⒾ-Nⓔr-ⓊhL Ⓤ-ⓐ-Tⓔr

ahora **now** Nⓐⓤ

aire acondicionado **air-conditioning**
ⓔR CⓊhN-DⒾ-SHⓊh-NⒾN

al horno **baked** BⓔⒾCT

algo **anything** ⓔNⒾ-Th̲ⒾNG

algo **something** SⓊhM-THⒾNG

algunas veces **sometimes** SⓊhM-TⓐⓨMZ

allí **there** THⓔR

almacén **department store** DⒾ-PⓐRT-MⓔNT STⓄR

almohada **pillow** PⒾ-LⓄ

almuerzo **lunch** LⓊhNCH

alojamiento **accommodation** Ⓤh-Cⓐ-MⓊh-DⓔⒾ-SHⓊhN

amarillo **yellow** Yⓔ-LⓄ

ambulancia **ambulance** ⓐM-BYⓊ-LⓔNTS

americano (m) **American** Ⓤh-Mⓔ-RⒾ-CⓊhN

amigo / amiga **friend** FRⓔND

amor **love** LⓊhV

anaranjado **orange** (color) ⓄRⒾN̲J

año **year** YÍR

apartamento **apartment** uh-PÁRT-MÉNT

¡apúrese! **hurry up!** JÉr-Í uhP

agua **water** U-á-TÉr

aquí **here** HÍR

arriba **up** uhP

arroz **rice** Rays

ascensor **elevator** ÉL-É-VEi-TÉr

asiento **seat** SÍT

aspirina **aspirin** áS-PRÍN

¡atención! **attention!** (watch out) uh-TÉN-SHuhN

autobús **bus** BUS

automóvil **automobile** á-TU-MU-BÍL

autor **author** á-Th̲Ér

avenida **avenue** á-VÉ-NU

ayer **yesterday** YÉS-TÉr-DEi

azúcar **sugar** SHÚ-GÉr

azul **blue** BLU

B

banco **bank** BⓐNC

baño **bath** BⓐTh

baño **bathroom** BⓐTh-RⓊM

baño **toilet** TⓄY-LⓔT

bailo **dance** (I) ⓐy DⓐNTS

barato **cheap** CHⒾP

barco **boat** BⓄT

¡Basta! **Enough!** Ⓘ-NⓊhF

batería **battery** Bⓐ-Tⓔr-Ⓘ

bebé **baby** BⒺY-BⒾ

bebo **drink** (I) ⓐy DRⒾNC

bello / bella **beautiful** BYⓊ-TⒾ-FⓊL

beso **kiss** CⒾS

bien cocida **well done** Ⓤ-ⒺL DⓊhN

¡bienvenido! **welcome** Ⓤ-ⒺL-CⓊhM

billete / boleto **ticket** TⒾC-ⒾT

bistec **steak** STⒺiC

blanco **white** JⓊ-ⓐyT

bolsa **purse** PⓔrS

botones **bellman** BĚL-MUN

bueno **good** GUD

C

caballero **gentleman** JĔN-TL-MUN

cabaret **nightclub** NayT-CLUB

cabello **hair** HĔR

cabeza **head** JĔD

café **brown** BRauN

café **coffee** Cá-FI

caja fuerte **safe** SeiF

calcetas / calcetines **socks** SaCS

calefacción **heat** JIT

calidad **quality** CU-á-LI-TI

callado **quiet** CU-ay-IT

calle **street** STRIT

calmante de la tos **cough syrup** CaF SI-RuhP

cama **bed** BĔD

cámara **camera** CáM-Ruh

camarera **maid** MeiD

camarera / moza **waitress** U-ei-TRIS

camarero / mozo **waiter** ⓊⒺ-Tⓔⓡ

camarones **shrimp** SHRⒾMP

cambiar **to change** TⓊ CHⓐNJ

cambio **change** CHⓐNJ

cambio exacto **exact change** ⒺG-SⓐCT CHⓐNJ

camino **road** RⓄD

camisa **shirt** SHⓔⓡT

campo de golf **golf course** GⓐLF CⓄRS

cancha de tenis **tennis court** TⒺ-NⒾS CⓄRT

cangrejo **crab** CRⓐB

cansado / cansada **tired** Tⓐ̄RD

cantinero **bartender** BⓐR-TⒺN-Dⓔⓡ

cara **face** FⒺS

cargo mínimo **cover charge** CⓤV-Vⓔⓡ CHⓐRJ

carne **meat** MⒾT

carne de res **beef** BⒾF

carne de ternera **veal** VⒾL

carne de puerco **pork** PⓄRC

caro **expensive** ⒺC-SPⒺN-SⒾV

carro / coche / automóvil **car** CⓐR

carta **letter** Lⓔ́-Tⓔⓡ

casi **almost** Ⓐ́L-Mⓞ̇ST

castillo **castle** Cⓐ̇SL

catedral **cathedral** Cⓤⓗ-<u>Th</u>ⓘ-DRⓤⓗL

cebolla **onion** ⓤⓗN-YⓤⓗN

celebración **celebration** Sⓔ́-Lⓘ-BRⓔ́ⓘ-SHⓤⓗN

cena **dinner** Dⓘ́-Nⓔⓡ

cenicero **ashtray** Ⓐ́SH-TRⓔ́ⓘ

centro **downtown** Dⓐ́ⓤN-TⓐⓤN

centro **center** Sⓔ́N-Tⓔⓡ

centro comercial **shopping center**
    SHⓐ́-PⓘN Sⓔ́N-Tⓔⓡ

cepillo para el cabello **hairbrush** Hⓔ́ⓡ-BRⓤⓗSH

cepillo de dientes **toothbrush** Tⓤ́<u>Th</u>-BRⓤⓗSH

cerca **near** Nⓘ́R

cereal **cereal** Sⓘ́R-YⓤⓗL

cerillo / fósforo **match** Mⓐ̇TCH

cerrado **closed** CLⓞ́ZD

cerrar **to close** Tⓤ CLⓞ́Z

cerveza **beer** Bⓘ́R

champán **champagne** SHÃM-PéiN

champú **shampoo** SHÃM-PÚ

chaqueta **jacket** JÃC-ÖT

cheque **check** CHéC

cheque de viajero **traveler's check** TRÃV-LerZ CHéC

chocolate **chocolate** CHÃC-LÖT

cierre **zipper** ZÖ-Per

cigarrillo **cigarette** SÖ-Guh-RéT

cigarro **cigar** SÖ-GÃR

cine / película **cinema / movie** MÚ-VÖ

cinta **tape** TéiP

cinturón **belt** BéLT

cita **appointment** uh-PoyNT-MéNT

ciudad **city** SÖ-TÖ

cocido al vapor **steamed** STÖMD

cóctel **cocktail** CÃC-TéiL

comedor **dining room** Däy-NÖN RÚM

comida **food** FÚD

comida **meal** MÖL

comisaría / estación de policía **police station**

P⑩-L①S ST㋐-SH⑩N

como **I eat** ㋐ ①T

¿cómo? **how?** J㋎

compañía **company** C⑩M-P⑩-N①

computadora / ordenador **computer** C⑩M-PY⑩-T㋑

con **with** ⑩-①Th

concierto **concert** C㋐N-S㋑T

conferencia **conference** C㋐N-FR㋑NTS

corazón **heart** J㋐RT

corbata **tie** T㋐

cordero **lamb** L㋐M

correcto **right** R㋐T

correo **mail** M㋐L

correo **post office** P⑩ST ㋐-F①S

corte de pelo **haircut** H㋒R-C⑩T

crema **cream** CR①M

¿cuál? **which?** J⑩-①CH

¿cuándo? **when?** J⑩-㋒N

cuarto **room** R⑩M

cubitos de hielo **ice cubes** @S CY@BZ

cuchara **spoon** SP@N

cuchillo **knife** N@F

cuello **neck** N@C

cuenta **account** @-C@NT

cuenta **bill** B@L

cuerda **string** STR@NG

¡Cuidado! **Watch out!** @-@CH @T

curita **Band-Aid** B@ND @D

D

dama **lady** L@-D@

dedo **finger** F@N-G@

dedo del pie **toe** T@

delicioso **delicious** D@-L@-SH@S

demasiado **too much** T@ M@CH

dentista **dentist** D@N-T@ST

deporte **sport** SP@RT

derecha **to the right** T@ TH@ R@T

derecho **straight ahead** STR@T @-J@D

desayuno **breakfast** BR@C-F@ST

descuento / rebaja **discount** DⒾS-CⓐⓤNT

desocupado **vacant** VⒺⒾ-CⒺNT

desodorante **deodorant** DⒾ-Ⓞ-DⒺⓇ-ⒾNT

despacio **slowly** SLⓄⒾ-LⒾ

después **after** ⓐF-TⒺⓇ

desviación **detour** DⒾ-TⓊR

devolver **return** RⒾ-TⒺⓇN

día **day** DⒺⒾ

día feriado **holiday** Jⓐ-LⒾ-DⒺⒾ

diabético **diabetic** DⒶⓎ-ⓤⓗ-BⒺ-TⒾC

diarrea **diarrhea** DⒶⓎ-ⓤⓗ-RⒾ-ⓤⓗ

diccionario **dictionary** DⒾC-SHⓤⓗ-NⒺ-RⒾ

diciembre **December** DⒾ-SⒺM-BⒺⓇ

dirección **address** ⓐ-DRⒺS

dirección **direction** DⒾ-RⒺC-SHⓤⓗN

distancia **distance** DⒾS-TⒺNTS

documento **document** DⓐC-YⓊ-MⒺNT

dólar **dollar** Dⓐ-LⒺⓇ

dolor **pain** PⒺⒾN

dolor de cabeza **headache** JⒺD-ⒺⒾC

dolor de dientes **toothache** TÚTh-ei̯C

¿dónde? **where?** JU-ér̯R

domingo **Sunday** SúhN-Dei̯

ducha **shower** SHau̯-er̯

dueño **owner** Ó-Ner̯

dulce **candy** Cã́N-DI

dulce **sweet** SU-ÍT

E

edificio **building** BÍL-DIN

él **he** JÍ

el / la / los / las / **the** THúh

equipaje **luggage** Lúh̯G-IJ̱

ensalada **salad** Sã́-LID

estación **station** STei̯-SHúhN

electricidad **electricity** I-Lé̯C-TRÍ-SI-TI

ellos / ellas **they** THei̯

embajada **embassy** é̯M-BÍ-SI

embarazada **pregnant** PRé̯G-NINT

emergencia **emergency** I-Mér̯-J̱ã́N-SI

encantado **delighted** DⒾ-LⓐY-TⒺD

enero **January** Jⓐ-NYⓊ-ⒺR-Ⓘ

enfermera **nurse** NⒺⓇS

enfermo **ill** ⒾL

enfermo / enferma **sick** SⒾC

entender **to understand** ⓊⒽN-DⒺⓇ-STⓐND

entrada **admission** ⓐD-MⒾ-SHⓊⒽN

entrada **entrance** ⒺN-TRⒺNTS

entremeses **appetizers** ⓐ'-PⒾ-TⓐY-ZⒺⓇZ

equipaje **baggage** Bⓐ'-GⒾJ

equivocación **misunderstanding**

    MⒾS-ⓊⒽN-DⒺⓇ-STⓐN-DⒾN

equivocado / incorrecto **wrong** RⓐNG

error **mistake** MⒾ-STⒺⒾC

escalera **stairs** STⒺⓇZ

escultura **sculpture** SCⓊⒽLP-CHⒺⓇ

ese / esa **that** THⓐT

esmalte para uñas **nail polish** NⒺⒾL Pⓐ'-LⒾSH

español **Spanish** SPⓐ'-NⒾSH

especialidad **specialty** SPⒺ'-SHⓊⒽL-TⒾ

¡espérese! **wait!** Ⓤ-ⓔⓘT

esposa **wife** Ⓤ-ⓐⓎF

esposo **husband** JⓤⓗZ-BⒾND

estación **season** SⒾ-ZⓤⓗN

estación de autobuses **bus station** BⓤⓗS STⓔⓘ-SHⓤⓗN

Estados Unidos **United States** YⓊ-NⓐⓎ-TⓔD STⓔⓘTS

este **east** ⒾST

este /esta **this** THⒾS

excelente **excellent** ⓔC-Sⓔ-LⓔNT

excursión **tour** TⓊR

extintor **fire extinguisher**

    FⓐⓎR ⓔCS-STⒾN-GWⒾ-SHⓔⓇ

F

fácil **easy** Ⓘ-ZⒾ

falda **skirt** SCⓔⓇT

farmacéutico **pharmacist** FⓐR-Mⓤⓗ-SⒾST

farmacia **drugstore** DRⓤⓗG-STⓊR

farmacia **pharmacy** FⓐR-Mⓤⓗ-SⒾ

fax **fax, fax machine** FⓐCS Mⓤⓗ-SHⒾN

febrero **February** FⓔB-RⓊ-ⓔR-Ⓘ

fecha **date** D@T

felicitaciones **congratulations**
    C⑩N-GR@-CH⑪-L@-SH⑩NZ

feliz **happy** J@-P①

ferrocarril **railroad** R@L-R⑩D

fiesta **party** P@R-T①

fin de semana **weekend** ⑪-①C-@ND

firma **signature** S①G-N⑩-CH@r

freno **brake** BR@C

flor **flower** FL@-@r

florería **florist shop** FL⑩R-①ST SH@P

foto **photo** F⑩-T⑩

fotógrafo **photographer** F⑩-T@-GR⑩-F@r

fresa **strawberry** STR@-B@R-①

fresco **fresh** FR@SH

frío **cold** C⑩LD

frito **fried** FR@D

frontera **border** B⑩R-D@r

fruta **fruit** FR⑪T

fuego **fire** F@R

fumo **smoke** SMⓄC

G

garganta **throat** Th‾RⓄT

ganso **goose** GⓊS

gasolina **gasoline** Gⓐ́-SⓄ-LⒾN

gasolinera **gas station** GⓐS STⒺ́-SHⓊN

gerente **manager** Mⓐ́-NⒾ-J‾ⓔⓡ

gimnasio **health club** Jⓔ‾L‾Th‾ CLⓊB

golf **golf** GⓐLF

gotas para los oídos **ear drops** ⒾR DRⓐPS

gotas para los ojos **eyedrops** ⓐⓨ DRⓐPS

grabadora **tape recorder** TⒺP RⒾ-CⓄR-Dⓔⓡ

gracias **thank you** Th‾ⓐNC YⓊ

gracioso / chistoso **funny** FⓊ́-NⒾ

grande **big** BⒾG

grande **large** LⓐR‾J

gris **gray** GRⒺⓨ

grupo **group** GRⓊP

guante **glove** GLⓊV

guía **guide** GⓐⓨD

guía telefónica **phone book** FⓄN BⓊC

H

helado / nieve **ice cream** ⓐⓨS CRⒾM

hermana **sister** SⒾS-Tⓔⓡ

hermano **brother** BRⓊⓗ-THⓔⓡ

hielo **ice** ⓐⓨS

hilo **thread** ThRⓔD

hojas de afeitar **razor blades** Rⓔⓘ-Zⓔⓡ BLⓔⓘDZ

hola **hello** Jⓔ-LⓄ

hombre **man** MⓐN

hongos / champiñones **mushrooms** MⓊⓗSH-RⓊMZ

hora **hour** ⓐⓤR

hora **time** TⓐⓨM

horrible **awful** ⓐ-FL

hospital **hospital** JⓐS-PⒾ-TⓊⓗL

hot dog **hot dog** JⓐT DⓐG

hotel **hotel** JⓄ-TⓔL

hoy **today** TⓊ-Dⓔⓘ

huevo **egg** ⓔG

huevos fritos **eggs, fried** FR@D @GZ

huevos revueltos **eggs, scrambled** SCR@M-BLD @GZ

I

ida y vuelta **round trip** R@ND TR@P

idioma **language** L@N-GW@J

iglesia **church** CH@CH

impermeable **raincoat** R@N-C@T

importante **important** @M-P@R-T@NT

impuesto **tax** T@CS

indigestión **indigestion** @N-D@-J@S-CH@N

información **information** @N-F@R-M@-SH@N

inglés **English** @N-GL@SH

intérprete **interpreter** @N-T@-PR@-T@r

inválidos **disabled** D@S-@BLD

invierno **winter** @-@N-T@r

izquierda **left** L@FT

J

jabón **soap** S@P

jamón **ham** J@M

joyas **jewelry** J̲ÜL-RȈ

joyería **jewelry store** J̲ÜL-RȈ STÖR

jueves **Thursday** Th̲ℯ̃Z-Dℯ̃i

jugo **juice** J̲ÜS

julio **July** J̲Ü-Lℯ̃y

junio **June** J̲ÜN

juntos / juntas **together** TÜ-Gℰ̃-THℯ̃r

K

ketchup **ketchup** Cℰ̃-CHℹP

L

la próxima vez **next time** Nℰ̃CST Tℯ̃yM

labio **lip** Lℹ̂P

langosta **lobster** L@B-STℯr

lápiz **pencil** Pℰ̃N-Sℹ̂L

lápiz labial **lipstick** Lℹ̂P-STℹ̂C

largo **long** L@NG

lavandería **laundry** L@N-DRℹ̂

lavo **I wash** ℯ̃y Ü-@SH

leche **milk** Mℹ̂LC

lechuga **lettuce** LÉ-TuhS

legumbres / vegetales **vegetables** VÉJ-Tuh-BLZ

lejos **far** F@R

lentes **glasses** (eye) @y GLÄ-SⒾS

lentes de sol **sunglasses** SuhN-GLÄ-SⒾS

letrero **sign** S@yN

librería **bookstore** BⓊC-ST@R

libro **book** BⓊC

limón **lemon** LÉ-MuhN

limpio **clean** CLⒾN

línea aérea **airline** ÉR-L@yN

lista de vinos **wine list** Ⓤ-@yN LⒾST

listo / lista **ready** RÉ-DⒾ

llamada **call** C@L

llamo **I call** C@L

llanta **tire** T@yR

llave **key** CⒾ

llegada **arrival** uh-R@y-VuhL

llegaré **I will arrive** @y Ⓤ-ⒾL uh-R@yV

lluvia **rain** R@iN

lo siento **I am sorry** ⓐⓎ ⓐM Sⓐ-R①

loción bronceadora **suntan lotion**

　　SⓤⓗN-TⓐN LO'-SHⓤⓗN

lunes **Monday** MⓤⓗN-Dⓔⓘ

luz **light** LⓐⓎT

M

madre **mother** Mⓤⓗ-THⓔⓡ

maíz / elote **corn** CⓞRN

maletero **porter** PO'R-Tⓔⓡ

maleta **bag** Bⓐ̃G

maleta **suitcase** Sⓤ①T-Cⓔ⑤S

malo **bad** Bⓐ̃D

mañana **morning** MⓞR-N①N

mañana **tomorrow** Tⓤ①-Mⓐ́-Rⓞ

manejo **I drive** ⓐⓎ DRⓐⓎV

manga **sleeve** SL①V

mano (la) **hand** Jⓐ̃ND

manta **blanket** BLⓐ̃N-Kⓔ̃T

mantequilla **butter** Bⓤⓗ-Tⓔⓡ

manzana **apple** ⓐ̃-PL

mapa **map** M@P

maquillaje **makeup** M@i-C@P

máquina para hacer copias **copy machine** C@-P@ M@-SH@N

maravilloso **wonderful** @-@N-D@-FL

mariscos **seafood** S@-F@D

martes **Tuesday** T@Z-D@

marzo **March** M@RCH

más **more** M@R

mayo **May** M@

mayonesa **mayonnaise** M@i-@-N@Z

me gusta **I like** @ L@C

mecánico **mechanic** M@-C@-N@C

medicina **medicine** M@-D@-S@N

médico **doctor** D@C-T@

mediodía **noon** N@N

menos **less** L@S

menú **menu** M@N-Y@

mercado **market** M@R-C@T

mermelada **jam** J@M

mes **month** M⑩NTh

mesa **table** T⑥BL

metro / subterráneo **subway** S⑩B-Ⓤ-⑥

mezquita **mosque** M⒜SC

miércoles **Wednesday** Ⓤ-Ⓔ'NZ-D⑥

minuto **minute** MⒾ-NⒾT

momento **moment** MⓄ'-MⒺNT

montaña **mountain** M⒜ⓤN-TⒺN

monumento **monument** M⒜N-YⓊ-MⒺNT

morado **purple** PⒺ'-PL

mostaza **mustard** M⑩S-TⒺD

muchacha **girl** GⒺL

muchacho **boy** B⒪y

mucho **a lot** ⑥ L⒜T

mujer **woman** Ⓤ-Ⓤ'-M⑩N

mundo **world** Ⓤ-Ⓔ'LD

museo **museum** MYⓊ-ZⒾ'-⑩M

música **music** MYⓊ'-ZⒾC

muy bien **fine** F⒜yN

N

nado **I swim** ⓐⱽ Sⓤ-ⓘM

naranja **orange** Ⓞ́-RⓘNJ

necesito **I need** ⓐⱽ NⓘD

negocios **business** Bⓘ́Z-NⓘS

negro **black** BLⓐC

niño / niña **child** CHⓐⱽLD

niñera **babysitter** Bⓔⁱ́-Bⓘ-Sⓘ-Tⓔʳ

no **no** NⓄ

no fumar **no smoking** NⓄ SMⓄ́-KⓘN

noche **night** NⓐⱽT

nombre **name** Nⓔ́M

norte **north** NⓄRTh

nosotros **we** Ⓤ-Ⓘ́

notario **notary** NⓄ́-Tⓔʳ-Rⓘ

noviembre **November** NⓄ-Vⓔ́M-Bⓔʳ

número **number** Nⓤⁿ́M-Bⓔʳ

nunca **never** Nⓔ́-Vⓔʳ

O

océano **ocean** Ó-SHⓤN

octubre **October** ⓐC-TÓ-Bⓔr

ocupado **occupied** ⓐC-Yⓤ-PⓐyD

oeste **west** ⓤ-ⓔ́ST

oficial **officer** ⓐ́-Fⓘ-Sⓔr

oficina de turismo **tourist office** TⓤR-ⓘST ⓐ́Fⓘ́S

ojo **eye** ⓐy

ópera **opera** ⓐ́P-Rⓤ̈

operadora **operator** ⓐ́-Pⓔr-ⓔ̀i-Tⓔr

optometrista **optician** ⓐP-Tⓘ-SHⓤ̈N

oreja / oído **ear** ⓘR

original **original** Ⓞ-Rⓘ́-Jⓘ-Nⓤ̈L

oro **gold** GⓄLD

ostras **oysters** ⓐýS-TⓔrZ

otoño **autumn** ⓐ́-Tⓤ̈M

otro **another** ⓤ̈-Nⓤ́-THⓔr

P

pagado **paid** Pⓔ́iD

palillo **toothpick** TÜTh-PÎC

pan **bread** BRÊD

pan dulce **pastry** PÊS-TRÎ

pan tostado **toast** TÔST

panadería **bakery** BÊC-RÎ

pantalones **trousers / pants** TRÁU-ZÊrZ / PÂNTS

pantimedias **pantyhose** PÂN-TÎ-HÔZ

papa / patata **potato** PÜH-TÊi-TÔ

papas fritas **french fries** FRÊNCH FRÂYZ

papel **paper** PÊi-PÊr

papel higiénico **toilet paper** TÔY-LÊT PÊi-PÊr

paquete **package** PÂC-ÎJ

parada de autobuses **bus stop** BÜS STÂP

paraguas **umbrella** ÜHM-BRÊ-LÜH

¡pare! **stop!** STÂP

pasajero **passenger** PÂ-SÊN-JÊr

pasaporte **passport** PÂS-PÔRT

pasillo **aisle** ÂYL

pasta **pasta** PÂS-TÜH

pasta de dientes **toothpaste** TÜTh-PÊST

pastel **pie** P@v

pato **duck** D@hC

pavo / guajolote **turkey** T@r-C@

peine **comb** C@M

película **film** (movie) F@LM

peligroso **dangerous** D@iN-J@r-R@hS

peluquería **barbershop** B@R-B@r SH@P

pequeño **little** L@-TL

pequeño **small** SM@L

perdido **lost** L@ST

perdón **excuse me** @CS-CY@Z M@

perfume **perfume** P@r-FY@M

periódico **newspaper** NY@Z-P@i-P@r

persona **person** P@r-S@hN

pescado **fish** F@SH

pido **I order** @v @R-D@r

pie **foot** F@T

piel **skin** SC@N

pimienta **pepper** P@-P@r

pintura **painting** P@iN-T@N

pierna **leg** LⓔG

piscina / alberca **swimming pool** SⓊ-ⓘ-MⓘN PⓊL

piso **floor** FLⓄR

pizza **pizza** PⓘT-Sⓤ

placer **pleasure** PLⓔ-ZHⓔ

plástico **plastic** PL@S-TⓘC

plátano **banana** Bⓤ-N@-Nⓤ

plato **plate** PLⓔⓘT

playa **beach** BⓘCH

pluma **pen** PⓔN

poco **few** FYⓊ

poco cocida **rare** RⓔR

poder **able** (to be) ⓔⓘ-BL

policía **police** Pⓤ-LⓘS

pollo **chicken** CHⓘC-ⓘN

poquito **little bit** Lⓘ-TL

por favor **please** PLⓘZ

¿por qué? **why?** JⓊ-ⓐ

posada **inn** ⓘN

postre **dessert** Dⓘ-ZⓔT

precio **price** PR@S

precioso **valuable** V@L-Y@-BL

pregunta **question** C@-@S-CH@N

primavera **spring** SPR@NG

primero **first** F@ST

problema **problem** PR@B-L@M

profesión **profession** PR@-F@-SH@N

pronto **soon** S@N

propina **tip** T@P

público **public** P@B-L@C

pulsera **bracelet** BR@S-L@T

puerta / portón **gate** G@T

Q

¿qué? / ¿cómo? **what?** J@-@T

queso **cheese** CH@Z

¿quién? **who?** J@

quiero **I want** @ @-@NT

quiosco de periódicos **newsstand** NY@Z-ST@ND

R

radio **radio** RĔI-DĬ-Ō

rampa **ramp** RĂMP

rápido **fast** FĂST

rápido **quickly** CŬ-ĬC-LĬ

recado **message** MĔ-SĬJ

receta **prescription** PRĔS-CRĬP-SHŭN

recibo **receipt** RĬ-SĬT

recomendar **to recommend** RĔ-Cŭ-MĔND

recuerdo **souvenir** SŬ-VĬ-NĬR

regalo **gift** GĬFT

reloj **watch** Ŭ-ĂCH

¡repita! **repeat!** RĬ-PĬT

reserva / reservación **reservation**
    RĔ-ZĕR-VĔI-SHŭN

restaurante **restaurant** RĔST-RĂNT

reunión **meeting** MĬ-TĬN

rico **rich** RĬCH

rojo **red** RĔD

rollo de cámara **film** FⒾLM

ropa interior **underwear** ⓊN-DⒺⓇ-Ⓤ-ⒺR

rosado **pink** PⒾNC

S

sábado **Saturday** SⒶ-TⒺⓇ-DⒺⒾ

sábanas **sheets** (bed) SHⒾTS

sal **salt** SⒶLT

salida **exit** ⒺC-SⒾT

salida **departure** DⒾ-PⒶⓇ-CHⒺⓇ

salmón **salmon** SⒶ-MⓊN

salón de belleza **beauty shop** BYⓊ-TⒾ SHⒶP

¡salud! **cheers!** CHⒾRZ

sandía **watermelon** Ⓤ-Ⓐ-TⒺⓇ-MⒺ-LⓊN

sección **section** SⒺC-SHⓊN

secretaria **secretary** SⒺ-CRⒾ-TⒺR-Ⓘ

sello / timbre **stamp** STⒶMP

semana **week** Ⓤ-ⒾC

señor **Mr.** MⒾS-TⒺⓇ

señor **sir** SⒺⓇ

señora **Mrs.** MⒾ-SⒾZ

señorita **Miss** MⒾS

septiembre **September** SⒺP-TⒺM-BⒺʳ

servicio **service** SⒺʳ-VⒾS

servicios de señoras **ladies' restroom**

   LⒺⁱ-DⒾZ RⒺST-RⓊM

servicios de señores **mens' restroom**

   MⒺNZ RⒺST-RⓊM

servilleta **napkin** NⒶP-KⒾN

sí **yes** YⒺS

siempre **always** ⒶL-Ⓤ-ⒺⁱZ

silencio **be quiet** BⒾ CⓊ-ⓐʸ-ⒾT

silencio **silence** Sⓐʸ-LⒺNS

silla **chair** CHⒺR

silla de ruedas **wheelchair** JⓊ-ⒾL-CHⒺR

sinagoga **synagogue** SⒾ-NⓊʰ-GⒶG

sobre **above** Ⓤʰ-BⓊⁱV

sobre **envelope** ⒺN-VⒺ-LⓄP

socio **partner** PⒶRT-NⒺʳ

¡socorro! **help!** JⒺLP

sol **sun** SⓊʰN

solo **alone** ⓤ-LⓄN

sonrío **I smile** ⓐy SMⓐL

sopa / caldo **soup** SⓊP

sorpresa **surprise** Sⓔr-PRⓐýZ

sucio **dirty** Dⓔŕ-TⒾ

suerte **luck** LⓤC

sufro del corazón **I have a heart condition**
    ⓐy Jⓐ̃V ⓔi JⓐRT CⓤN-DⒾ-SHⓤN

supermercado **supermarket** SⓊ́-Pⓔr-MⓐR-CⓔT

sur **south** Sⓐ<u>Th</u>

T

tamaño **size** SⓐyZ

también **also** ⓐ́L-SⓄ

tampones / absorbentes higiénicos **tampons**
    TⓐM-PⓐNZ

tarde **afternoon** ⓐF-Tⓔr-NⓊN

tarde **evening** ⒾV-NⒾN

tarde **late** LⓔiT

tarifa **fare** FⓔR

tarjeta de crédito **credit card** CRÉ-DOT C@RD

tarjeta postal **postcard** PÓST-C@RD

taxi **cab** C@B

taxi **taxi** T@C-SO

taza **cup** C@P

té **tea** TO

teatro **theater** Th́O-ei-Ter

teléfono **telephone** TÉL-É-FON

teléfono público **public telephone**

    P@B-LOC TÉL-É-FON

telegrama **telegram** TÉ-LÉ-GR@M

televisión **television** TÉ-LÉ-VO-ZH@N

temperatura **temperature** TÉM-PR@-CHer

templo **temple** TÉM-PL

temprano **early** ér-LO

tenedor **fork** FORC

tener miedo **afraid** @-FR@D

tengo **I have** @ J@V

tenis **tennis** TÉ-NOS

tiempo **weather** Ⓤ-Ⓔ́-THⒺⓇ

tienda **store** STⓄR

tienda de comestibles **grocery store** GRⓄ́S-RⒾ STⓄR

tijeras **scissors** SⒾ́-ZⒺⓇZ

tintorería **dry cleaner** DRⒶ CLⒾ́-NⒺⓇ

toalla **towel** TⒶⓊL

toallitas **napkins** (sanitary)
    SⒶ́-NⒾ-TⒺ̃R-Ⓘ NⒶ́P-KⒾNZ

tabaco **tobacco** TⓊ-BⒶ́-CⓄ

tocino **bacon** BⒺ́-CⓊN

todo **all** ⒶL

todo **everything** Ⓔ́V-RⒾ-THⒾNG

tomate **tomato** TⓊ-MⒺ́-TⓄ

tormenta **storm** STⓄRM

torta / bocadillo **sandwich** SⒶ́ND-Ⓤ-ⒾCH

tortilla de huevos **omelet** Ⓐ́M-LⒺ̃T

traje **suit** SⓊT

traje de baño **bathing suit** BⒺ́-THⒾN SⓊT

tren **train** TRⒺⒾN

trucha **trout** TRⒶⓊT

turista **tourist** TŪR-ĬST

U

un / una **a, an** ĕi/ãN

una vía / de un sentido **one-way** Ŭ-ŬN Ŭ-ĕi

una zapatería **shoe store** SHŬ STŌR

universidad **university** YŬ-NĬ-Vĕr-SĬ-TĬ

unos / unas **some** SuhM

urgente **urgent** ĕr-JĕNT

usted / tú **you** YŬ

uva **grape** GRĕiP

V

vacaciones **vacation** Vĕi-Cĕi-SHuhN

vainilla **vanilla** Vuh-NĬ-Luh

valor **value** VãL-YŬ

varios **several** SĕV-RuhL

vaso **glass** GLãS

vaya **go** GŌ

velocidad **speed** SPĬD

venta **sale** S@L

ventana **window** U-ⓘN-DO

verano **summer** Sⓤh-MⒺr

verdad **truth** TRⓊ<u>Th</u>

verde **green** GRⓘN

vestido **dress** DRⒺS

viaje **trip** TRⓘP

viaje **voyage** Vⓞⓨ-ⓘJ

viento **wind** U-ⓘND

viernes **Friday** FRⓐⓨ-DⒺⓘ

vinagre **vinegar** Vⓘ-Nⓤh-GⒺr

vino **wine** U-ⓐⓨN

vista **view** VYⓊ

vivir **to live** TⓊ LⓘV

vuelo **flight** FLⓐⓨT

WXYZ

y **and** ⓐND

yo **I** ⓐⓨ

Yo sé **I know** ⓐⓨ NO

zanahoria **carrot** CⓔR-ⓤT

zapato **shoe** SHⓊ

zoológico **zoo** ZⓊ

INDICIO

NOTAS

PAGINA DE REFERENCIA RAPIDA

Hola
Hello
J@-L@

Adiós
Good-bye
G@D B@

¿Cómo está?
How are you?
J@ @R Y@

Muy bien, gracias
Fine, thank you
F@N TH@NK Y@

Sí
Yes
Y@S

No
No
N@

Por favor
Please
PL@Z

Gracias
Thank you
TH@NK Y@

Quisiera...
I'd like...
@D L@K...

¿Dónde está...
Where is...
J@-@R @Z...

¡No entiendo!
I don't understand!
@ D@NT @N-D@-ST@ND

¡Socorro!
Help!
J@LP